高校教师教学能力提升策略研究

胡立卫 李 辉 邓 林◎著

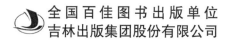
全国百佳图书出版单位
吉林出版集团股份有限公司

图书在版编目（CIP）数据

高校教师教学能力提升策略研究/胡立卫, 李辉,
邓林著. --长春:吉林出版集团股份有限公司,
2022.10（2023.9重印）
ISBN 978-7-5731-2653-5

Ⅰ.①高…Ⅱ.①胡…②李…③邓…Ⅲ①高等学
校－教师－教学能力－研究Ⅳ.①G645.12

中国版本图书馆CIP数据核字(2022)第193557号

GAOXIAO JIAOSHI JIAOXUE NENGLI TISHENG CELÜE YANJIU

高校教师教学能力提升策略研究

著　　者：胡立卫　李　辉　邓　林
责任编辑：许　宁
封面设计：冯冯翼
开　　本：787mm×1092mm　1/16
字　　数：200千字
印　　张：12
版　　次：2022年10月第1版
印　　次：2023年9月第2次印刷

出　　版：吉林出版集团股份有限公司
发　　行：吉林出版集团外语教育有限公司
地　　址：长春市福祉大路5788号龙腾国际大厦B座7层
电　　话：总编办：0431-81629929
印　　刷：涿州汇美亿浓印刷有限公司

ISBN 978-7-5731-2653-5　　　　　定　　价：72.00元

前　言

　　高校教师是高校人力资源的核心资源，同时也是高校核心竞争力的重要组成部分。高校教师在工作当中是否可以做好本职工作，对于高校的长远发展有着重要的影响。我国高等教育在实现大众化的道路上，注重高等教育普及的同时也越来越注重教育质量的提高。提升高等教育质量的重任则落在了高校教师的身上，所以当前高校师资竞争愈加激烈，高校教师教学能力培养也成为国家、地方政府以及高校所关注的焦点问题。通过教师队伍教学能力的提升，来提高高校教学水准，成为当前我国高等教育发展的共识。特别是在大数据时代下，知识信息传播迅速，高校竞争愈加激烈，学生求知欲望愈加强烈，在这种情况下，高校教师的教学能力对于高校整体发展至关重要。

　　高校教师教学能力提升制度的建立需要国家、地方政府以及高校共同配合，各层组织发挥自身的优势，确保制度的法制性和人性化。以法制性作为制度确立以及执行的基础，确保制度能够得到下级组织的执行，同时保证制度具有人性化特征，注重人本，提高教师对于制度的接受度。总体来说，本书认为，国家、地方政府以及高校三层管理组织能否发挥作用至关重要。另外，教师个人对于职业的认可度也十分重要，这需要高校对教师投入更多的关注，不论是在工作还是生活上尽可能地满足教师的需求，解决教师的后顾之忧，使其可以更好地投入工作之中。

　　高校教师是高校人力资源的核心资源，同时也是高校核心竞争力的重要组成部分。我国高等教育在实现大众化的道路上，注重高等教育普及的同时也越来越注重教育质量的提高。提升高等教育质量的重任则落在了高校教师的身上，所以当前高校师资竞争愈加激烈，高校教师教学能力培养也成为国家、地方政府以及高校所关注的焦点。基于此，本书从高校教师发展的理论入手，针对高校教师专业发展提升策略、高校教师的教学能力及其培养进行了分析研究；另外对大数据时代高校教师教学能力提升的队伍建设、大数据时代高校教师教学能力提升策略做了一定的介绍；还对多元视角下我国高校青年教师发展提升做了简要分析，旨在摸索出一条适合现代高校教师教学能力提升的科学道路，帮助其工作者在应用中少走弯路，运用科学方法，提高效率。

目 录

高校教师发展的理论

第一节 人力资源开发理论

在教育主管部门一系列政策措施的推动下，高校纷纷建立教师教学发展中心等机构，开展教师发展活动。在原有的高校师资队伍建设管理体系中，高校教师培训制度是一种传统。新的高校教师发展制度和政策与原有的教师培训在诸多方面存在着差异，其政策的目的、指向、实施等都有着回应当前高等教育发展问题的特质。然而，在实践过程中，尽管很多高校都独立设置机构、配备人员、划拨经费，但在实施教师发展项目中，很难将教师发展与培训进行必要的区分。一些教师发展机构在开展教师发展活动、组织相关项目的过程中采取的措施和做法甚至与教师培训无异。当然，这些做法，如有的大学以参加相关活动、获得证明作为教师参评高一级职称的条件，强制要求参加；有的不重视活动形式，不了解和满足教师需求，内容枯燥、形式单一，必然导致出现教师被动参与、积极性不高、效果不明显等问题。教师发展成为原来教师培训工作的翻版，导致"新瓶装旧酒"，难以达到政策实施的目的。分析这些现象，不难看出引起这些问题的根本原因是对高校教师发展的认识还存在着一定的偏差，既缺少资源开发与利用意识，也缺少人性化关怀和服务意识，还没有从过去的教师培训的思路中走出来。

从 20 世纪 90 年代起，人力资源管理思想开始被大规模引进美国高校管理。一个明显的标志是，高校争先恐后地把"人事部"改名为"人力资源部"，系统规划、建设、培育和发展教师队伍的思想开始出现。许多高校建立一站式服务的教师发展中心，全面领导教师发展，以此保持和发展学校的学术竞争力。高校教师发展实际上就是要帮助教师发展多方面的能力，促进教师更好地完成自身工作，实现大学的职能，这与企业对员工进行人力资源开发，挖掘员工潜能，服务企业发展有着某些内在的相似性。因此，如何更好地认识高校教师发展工作的要求，借鉴人力资源开发的相关理论可以为我们打开研究工作新局面提供一些启发。

一、高校教师发展与人力资源开发一致性和相似性

（一）概念内涵的一致性

人力资源开发（Human Resource Development）和高校教师发展（Faculty Development），除了对象不同之外，开发和发展在英文中都用同一个词"development"来表达。由美国培训与开发协会（ASTD）资助的派特·麦克莱甘1989年在其研究结果中，将人力资源开发定义为：综合利用培训与开发、职业生涯开发、组织开发等手段来改进个人的、群体的和组织的效率的活动。这项研究同时也阐释了现代的人力资源开发理论不仅包括传统意义的培训和开发领域，还包括职业开发和组织发展。随着"高校教师发展"这一名词传入我国，就其概念而言，狭义的理解是促进教师在教学能力方面的提高，广义的理解是教师的全面发展，其发展对象为高校教学活动中的教师，具体来讲是以提高高校教学水平为核心，促进教师有效地完成各种工作任务的有关理念、方法和实践的综合性框架，包括教学发展、组织发展、专业发展、个人发展。分析两个概念可以发现，人力资源开发和高校教师发展在以下方面存在着一致性。

1. 目标的一致性

两者都以服务个体发展和组织发展为目的。人力资源培训和开发在于通过有计划的学习、分析，确保并帮助员工个人提高关键技术和能力。高校教师培训是传授

教师目前教学和科研工作的所需的知识、技能和能力，而高校教师发展则是对教师教学和科研能力的开发，更加强调和关注为未来工作做准备。人力资源开发要满足改进组织效率，解决组织中存在的问题的需要，达成组织的目标，根据组织内外环境的变化，有计划地改善和更新企业组织。同样，高校教师发展活动也需要达成高校教师发展的目标；高校组织发展主要通过教师发展活动来实现；高校组织发展的成功需要教师参与。

2. 内容的一致性

人力资源职业开发包括职业规划和职业管理，即员工进行职业生涯规划和组织对职业规划的督导和调整。高校教师发展中的个人发展、教学发展与专业发展核心也是促进教师成为更成功的学术职业者（教学在本质上也是一种学术），即最重要的就是推动教师的个人学术职业生涯发展，这同时也需要教师发展组织对个人的职业规划进行合理指导和引导，并督导教师实施其职业生涯规划。

（二）项目活动的相似性

人力资源开发是企业有计划地对人力资源进行合理配置，通过对企业中员工的招聘、培训、使用、考核、激励、调整等一系列活动，调动员工的积极性，发挥员工的潜能，为企业创造价值，确保企业战略目标的实现。同样，大学作为正式组织和企业一样也需要对教师这一高校最重要的人力资源通过建立教师发展机制、开展教师发展活动、提供教师发展项目等一系列举措，最大限度发挥教师的教学、科研能力，并为教师不断提高教学科研能力提供机会和服务，进而实现教师的个人发展和组织发展，从而在一定程度上实现高等教育教学质量和教育质量的提升这一战略性目标。

（三）组织部门和机构的相似性

根据组织学的基本原理，即功能决定结构，结构支持功能，组织发展战略目标的实现取决于组织结构的有效设置，人力资源开发职能的完成依赖于一个精简、高效的人力资源开发部门的组织结构。由于不同的企业战略和内在管理机制的差异，人力资源开发部门采用的组织机构差异也较大，其中分为：客户模式、学院模式、矩阵模式、企业办学模式、虚拟模式。同样，高校教师发展工作的完成，实现高校教师的发展也需要一个精简、高效的高校教师发展机构的组织结构。由于高校教师发展活动在各院校的组织和运行差别大，这些差别体现在教师发展机构的组织地位、人员配置、经费来源、服务对象等方面。赖特（Wright）根据高校教师发展中心在院校组合中所处的地位和发挥的作用，将这些中心的运作模式分为四种模式：多校区合作项目模式、校园中心模式、特殊项目的中心模式、院校教师发展项目模式。

二、人力资源开发视角下，高校开展教师发展活动的策略

随着知识经济时代的来临，人力资本被当作最重要的资本来看待，企业员工的技术、知识和能力以及同顾客间的相互关系，会创造出一种核心竞争力，为此，企业可以持续拥有这种竞争优势。高校通过发展教师的核心专长和技能，以及培养教师的组织承诺感和组织认同感，可以帮助高校获得核心能力和竞争优势的提高。高校要想获得竞争优势，就必须将人力资源开发即高校教师发展视为一种更广泛意义上使高校教师增值和使高校持久拥有竞争力的来源。随着对高校教师管理问题研究的深入，人们发现高校教师也普遍存在组织融入和专业继续教育的需要，人力资源管理理论与实践极大地丰富了高校教师管理的内涵。高校教师发展活动在组织和实施中可以借鉴人力资源开发的理论和实践经验，转变观念，将教师看作是学校的资源，从资源建设的角度看待教师队伍建设的问题，从以下方面着手：

（一）对教师发展需求进行分析

发展需求的分析是确定要不要进行教师发展的重要依据，对教师发展有着重要的意义。借鉴企业员工培训的相关经验和模式，根据需求分析所涉及内容，通常分为：组织分析、任务分析和人员分析。

1. 组织分析

组织分析从企业的经营战略使命目标出发，决定相应的活动，并为发展活动提

供相应的支持和可利用的发展资源。对高校教师发展活动进行组织分析，了解发展活动的背景，了解教师数量和质量的需求状况状态，从而确定教师发展的重点是教学发展、组织发展、专业发展还是个人发展等。同时分析管理者对教师发展活动的支持态度，教育管理者、高校高层领导如果对高校教师发展工作持有积极态度，并同意向教师提供关于教师发展所需的经费、政策支持、规划引导等，这时高校教师发展工作的效率就会高。

2. 任务分析

工作任务分析即对工作做详细的研究以确定必要的方法，以便实施适当的发展活动计划。对高校教师发展活动进行任务分析就包括任务确定，即高校教师发展的任务是帮助教师提高教学效率，促进教师之间的交流，改善大学教学，还是掌握学科前沿动向，提高科研能力或者是提高学历学位层次，着重于教师培训、教学咨询、研究交流、促进教师教学理念更新、业务水平和教学能力提高，还是建设学校特色的教学文化。

3. 人员分析

人员分析就是帮助确定哪些人需要发展服务，在哪方面有发展需求。对高校教师进行人员需求分析，从服务的角度出发，开展满足教师需要、能吸引教师积极参与的项目和活动是非常有必要的。在美国，高校教师发展项目在计划之前首先要对教师进行需求评估，了解和分析教师对相关活动的需要，在美国高校中，绝大多数教师发展项目都是教师自愿参加，一旦项目的内容不适应教师的需要，不能达到教师的预期目的，教师就会选择退出活动，这样也就意味着项目的失败。高校教师发展人员通过分析不同年龄层教师发展需求、不同学科教师需求、不同职能岗位教师的需求，获知教师希望获得什么样的发展，需要什么知识和技能，需要在自我发展过程中希望得到什么样的外部条件支持，从而提高教师参加高校教师发展活动的积极性和主动性。

(二) 要明确高校教师发展的目标

人力资源开发系统中第二个步骤是确立目标，目标是确立在需求分析基础上的。

教师发展目标指教师发展活动的目的和预期成果，是教师发展必不可少的环节，它能结合教师、高校管理者、教育行政部门的需要，满足教师的需要，帮助教师理解其为什么需要发展，能指导高校教师发展政策及其实施过程，为高校教师发展的组织确立需要完成的任务，对高校教师发展活动和项目起到指引性作用。如美国在20世纪50年代至60年代早期的学者时代，高校教师发展的主要目标是促进高校教师科研学术能力的提高，到了20世纪60年代中期至70年代的教学时代目标是提高教师的教学水平，到了80年代的开发者时代是增强教师活力，实现对教师能力的开发，接着90年代的学习者时代目标是改善学生的学习。到了21世纪的今天，高校教师发展除了在实现原有目标的基础上还要迎接新世纪遇到的挑战，要与教师和院校领导一起协作，解决院校问题，提出建设性的办法。伴随着教师自身角色的变化和高校环境的挑战，高校教师发展在目标、范围上进一步扩大，承担更多的责任。在我国，从高校教师培训到高校教师发展的过程中确立高校教师发展的目的应该是促进教师各方面能力的改善，是教师科研、教学和社会服务水平和质量的提高，是促使教师向更加优秀更加杰出的研究者、教学中的专业人员转变，使其更加胜任自身工作并从中获得满足感和幸福感。以这样的高校教师发展目标为出发点，让高校教师发展活动和项目顺利有序地进行，让教师主动实现自我成长，并结合高校组织的任务和使命，可以实现让教师和学校取得更大的成就。

（三）采取高校教师发展适当的方法和形式

在确立了目标之后的第三个步骤就是选择完成目标的方法。在人力资源管理和开发中，为了帮助员工获得知识和技能，调动员工的积极性，发挥员工的潜能，就需要不同的管理和开发形式。在我国高校教师发展工作实践中，主要以11种培训形式为主，包括：高级研讨班、国内访问学者、毕业研究生同等学力申请硕士学位教师进修班、骨干教师进修班、高等学校教师在职攻读硕士学位、助理进修班、岗前培训、社会实践、单科进修、短期研讨班或讲习班、出国进修。培训主要是以专题讲座专家授课的形式进行的。高校教师作为专业工作者，有一定的教学知识积累和研究经验，单一的授课形式很明显不能满足他们多样化的发展需求，与统一参加培训班比起来，他们更需要针对各自特点促进自我成长在教师工作各个方面的个性化服务和支持，需要面对面的咨询、研讨班或者是获得相关的资源等。对于改善教师教学、研究、服务以及个人发展的高校教师发展方式应该改革枯燥单一的培训形式，丰富和创新形式，借鉴美国的高校教师发展方式：咨询、研讨会、教学技术辅导、教师适应、对院系和个人拨款和资助、提供资源、学术休假、教师评价、开展举办成长和专业发展规划和讲座等，提高我国高校教师发展的成效，提高教师的参与积极性和效果。

（四）实施高校教师发展有效的项目和活动

在人力资源管理和开发中，实施人力资源的开发项目是人力资源开发系统中最重要的一环。高校教师发展活动和项目就是针对不同职业阶段教师所面临的不同困难和问题，所需要获得的不同形式的帮助和支持开展的不同活动，提供有针对性的服务，设立相应的教师发展项目。美国的高校教师发展具体项目就有新教师发展项目、职业生涯中期教师发展项目、终身职后发展项目、兼职教师发展项目和未来教师发展项目等。如密歇根大学通过其大学学习和教学研究中心开展了丰富的活动和项目，包括：①为大学各学院和研究单位提供促进学科教学和学习改善的以学科为基础的个性化服务；②新教师与研究生助教参加的教学适应及英语学院学习与教学研究中心讨论会；③全校性的系列研讨班、教务长教学研讨班、外籍教师晚宴、研究生助理项目；④为教师、研究生、管理人员提供咨询服务；⑤教学管理资助项目，支持教师改善教学；⑥通过项目和服务帮助教师个人和院系进行教学技术的探索、运用和评价；⑦为各院系提供课程改革评价、专业评价。借鉴美国高校教师发展的经验，我国高校通过活动和项目的方式开展高校教师发展工作，可以改善教学、提高教师教学水平、促进学术研究，为特定的教师群体提供有针对性的服务，促进教师队伍建设，改善教师发展工作的管理。

（五）评价和反馈高校教师发展效果

为了实现对一个活动和项目的有效性进行评价，就需要检验其所产生的结果。效果评价是开发人力资源管理和让企业获得销售额上升及令顾客满意度增加的一个途径，通过询问参与者的看法评价一个项目也是一种低费用的方法，它可以提供直接的反馈及改进建议。通过对效果的具体测定，可以理解员工在人力资源发展所产生的收益，把握企业的投资回报率，可更好地进行人力资源开发，对企业的人力资源决策和工作的改善提供依据。对高校教师发展的效果评价，既包括教师对教师发展的评价，还包括通过对教师的考核来发现发展的成效。对发展成效的评定包含三部分内容：首先，测定教师对教师发展项目的反应，如果教师对所开展的内容和形式不感兴趣就不会用心参加，发展效果也不会好；通过教师评价可以得知教师发展活动是否达到和完成了教师发展的组织目标和教师的个人预期目标，为高校教师发展机构改善工作提供反馈和改进意见。其次，测定教师对所参加活动的吸收掌握程度，在培训项目终结时通常会安排教师考核来检查教师的学习成果，只有成绩达到合格才能拿到培训班的结业证书。再次，确定教师在参加了教师发展活动之后，与工作相关的行为发生了哪些变化，如果教师把教师发展活动中的经验、想法、技能运用于工作中，提出更多合理化的建议，改进了工作，那么说明教师发展工作是有效且成功的。

三、人力资源开发视角下，教师发展的个体策略

（一）树立教师发展的思想理念

在人力资源开发中，激发员工的自我发展意识是开展企业人力资源开发的基础和关键。高校为持续有效地满足社会的需求，获得相应的资源实现其组织目标，首先就要通过充分挖掘和开发自身的资源，实现高校教师发展。而高校教师发展的目的是实现教师教学、科研、个人和组织发展，其围绕的中心还是教师群体的发展，反之在教师群体的发展基础上，能让高校在"软件"上得到提升，从而增强其核心竞争力，实现组织目标，随之高等教育教学质量才能得到实际意义上的提高。高校教师对其发展的自我认知越高，对未来的发展规划越有能力，才越愿意承担自身发展的责任。因此树立教师发展思想理念，认识到高校发展的组织目标和教师发展的目标的一致性，即实现教师自身和高校的同步发展，才能让教师更加有意愿承担发展的责任。

（二）唤醒自主发展的意识

传统人力资源开发理论是一次开发理论，即人的开发仅是学校和教育部门的事。现代人力资源开发更加强调自我开发是人力资源开发的根本途径。同样，高校教师发展强调的也是高校作为个体的主动发展，对于高校教师来说发展的主体是自己，发展的客体也是自己，发展的目的是自我成长、自我发展并最终实现自我价值。这种自主发展高度重视和强调自身的觉悟性和主动性。因此，让教师将自主发展意识作为教师发展的内在动力，将自身的成长作为理想，认识到高校教师发展不是学校和教育部门的事，教师发展活动不是行政管理要求而是自身成长与发展的需要，通过找准自身的潜能和优势，把自身的潜能和优势与教育的需要相结合，使其最大限度地得到发挥，并取得创造成功，从而实现自身的价值，让自己成为教师发展的主人，从而做到从"要我发展"到"自主发展""我要发展"的根本上的转变。教师自主发展不仅包括自主学习、调查研究、主动掌握信息，还包括对人生的终生规划，即教师根据社会发展的需要和自己的特点，正确选择成长目标，科学发挥自己的潜能，使自己不断取得成功。除此之外还需要对自己从事的工作做出职业生涯规划。

（三）不断进行自我反思

对高校教师而言，要实现自身的成长和发展，在教育教学实践中形成自我反思的意识是必不可少的。叶澜教授曾经指出，教师成长和发展需要"对自己的教育实践和周围发证的教育现象，能保持一份敏感和探索的习惯""不断改进自己的工作形成理性的认识"。在教师发展中，自我意识和自我反思使教师成为自己发展的主体，教师将工作中的经验建构为自己内部的经验，是不断进行自我追问、自我肯定或否定，将此作为动力不断鞭策和提升自己的过程。教师的自我反思首先要从自我认知开始，认识到自己所从事的职业特征、需要具备什么样的教学和科研能力，评价自己是否胜任教师岗位等等；其次就是进行教师的自我反省和更新，在自我认知之后，真正促使教师做到自我改变的是教师的自我反省与更新，当教师并不满意其现有的教学现状的时候，当他觉得应该自我提升教育教学水平的时候，自我反省与更新就开始了。教师在教育教学事件中、在教学实践过程中，在学习了关于教师发展的理论之后，在教师发展活动及咨询指导等等情况下都可以进行自我反思。教师在通过理性的反思之后，还需要教师的自我认同、自我肯定，也就是在教师职业中寻求自身实现的价值，比如在教学中获得奖励、职称的晋升、教学经验的体验和提升、教育水平的进步等等都会让自己在工作中将得到的肯定化为一种自我认同，在这样的情况下教师才会产生工作热情和其事业的归属感。

高校教师发展在近半个世纪的研究和实践中不断变化，首先是教师发展理念上从培训转向发展，管理不断倾向于服务；其次就是教师发展形式和内容的不断丰富和创新；最后就是教师发展的理论研究不断转化为实践发展，同时高校教师发展的研究视角也不断扩宽，但是从人力资源管理和开发的视角研究大学对教师这一人力资源开发的研究和实践还不够多维。因此，从人力资源管理和开发的角度看待和完善高校教师发展体系，有利于提高高校教师发展的设计、实施和评估整体的科学化，满足高校对高校教师发展工作的要求和高校教师的发展需求。现代人力资源开发理论给了我们一个分析高校教师发展的全新视角，在高校教师发展工作中融入人力资源开发全新观念，在注重高校教师发展的同时，可以加强高校教师发展的工作体系力度，推进高校教师发展的科学化进程。在实践中，有的高校教师发展机构后运用人力资源开发的相关理论指导教师发展工作开展了尝试和摸索，已经产生了良好反响。首都经贸大学教学促进中心（OTA）就是率先运用人力资源开发理论帮助教师进行职业生涯规划、推动教师职业互助的教师发展机构。由于这些活动的形式和内容十分新颖，受到教师的欢迎，教师参与积极性高，在推动教师发展上已经取得了良好的效果。

当然，我们也应该看到，大学在本质上不同于企业，教师所从事的科研和教学工作与企业中的生产有着巨大的差异，对高校教师工作的评价与企业员工评价应有区别。基于企业管理的人力资源开发或者职业生涯发展理论在某些方面并不完全适应大学的环境，强调教师的职业生涯规划或人力资源开发而较少注意指导教师发展学习理论、教学理论、成人发展理论、成人教育理论等，以较为单一的人力资源管理特别是人力资源开发理论作为推动教师发展工作的理论基础尚显单薄。我们应充分吸收人力资源开发理论和实践中的优势，取长补短，推动高校教师发展工作取得实际效果。

第二节　学习型组织理论

学习型组织是当今前沿的企业管理理论之一，被很多企业在管理实践中运用，也使很多著名的企业重新焕发出活力。麻省理工学院物理学教授佛瑞斯特将系统动力学的原理运用在学习型组织中，描述了企业的理想形态的三个特征：即层次扁平化、组织信息化和结构开放化。随后，彼得·圣吉对学习型组织理论进行了完善，他在《第五项修炼》中叙述了创建学习型组织的具体方法，包括共同愿景、团队学习、自我超越、心智模式、系统思考五项内容。从某种意义上说，高校在诸多方面与学习型组织具有一致性，学习型组织理论中有关企业组织发展与员工发展关系的理论能为指导高校发展与教师发展提供借鉴和指导。

一、学习型组织理论的基本内涵

21世纪，社会变化日新月异，知识更新速度加快，学习成为组织适应环境变化的重要途径。20世纪90年代，圣吉（Peter M. Senge）首先提出学习型组织理论，引起人们的广泛关注。学习型组织理论首先被运用到企业中，并取得了很好的效果。之后，学习型组织理论运用到中小学学校中，也取得了良好的效果。

学习型组织理论内涵十分丰富，学习型组织理论认为，在新的经济背景下，企业要持续发展，必须增强企业的整体能力，提高整体素质；未来真正出色的企业将是能够设法使各阶层人员全心投入并有能力不断学习的组织——学习型组织。圣吉指出，拥有比对手更强的学习能力才能在竞争中保持可持续的优势。

（一）学习型组织的概念和要素

如果给学习型组织简单地下一个定义，那么所谓学习型组织，是指通过培养弥漫于整个组织的学习气氛、充分发挥员工的创造性思维能力而建立起来的一种有机的、高度柔性的、扁平的、符合人性的、能持续发展的组织。这种组织具有持续学习的能力，具有高于个人绩效总和的综合绩效。学习型组织的基本价值在于解决问题，与之相对的传统组织设计的着眼点是效率。在学习型组织内，雇员参与问题的识别，这意味着要懂得顾客的需要。雇员还要解决问题，这意味着要以一种独特的方式将一切综合起来考虑，以满足顾客的需要。组织因此通过确定新的需要并满足这些需要来提高其价值。它常常是通过新的观念和信息而不是物质的产品来实现价值的提高。学习型组织不存在单一的模型，它是关于组织的概念和雇员作用的一种态度或理念，是用一种新的思维方式对组织的思考。在学习型组织中，每个人都要参与识别和解决问题，使组织能够进行不断的尝试，改善和提高它的能力。

圣吉认为，学习型组织理论不在于描述组织如何获得和利用知识，而是告诉人们如何才能塑造一个学习型组织。他说："学习型组织的战略目标是提高学习的速度、能力和才能，通过建立愿景并能够发现、尝试和改进组织的思维模式并因此而改变他们的行为，这才是最成功的学习型组织。"圣吉提出了建立学习型组织的"五项修炼"模型，也被称为学习型组织的要素：①建立共同愿景（Building Shared Vision）：愿景可以凝聚公司上下的意志力，透过组织共识，大家努力的方向一致，个人也乐于奉献，为组织目标奋斗。②团队学习（Team Learning）：团队智慧应大于个人智慧的平均值，以做出正确的组织决策，透过集体思考和分析，找出个人弱点，强化团队向心力。③改变心智模式（Improve Mental Models）：组织的障碍，多来自于个人的旧思维，例如固执己见、本位主义，唯有透过团队学习，以及标杆学习，才能改变心智模式，有所创新。④自我超越（Personal Mastery）：个人有意愿投入工作，专精工作技巧的专业，个人与愿景之间有种"创造性的张力"，正是自我超越的来源。⑤系统思考（System Thinking）：应通过资讯搜集，掌握事件的全貌，以避免见树不见林，培养综观全局的思考能力，看清楚问题的本质，有助于清楚了解因果关系。

（二）学习型组织的特征

学习型组织是从文化角度来定义组织的。学习型组织是以信息和知识为基础的组织，这种组织实行目标管理，成员能够自我学习、自我发展和自我控制。由于组织中的信息流是自下而上的，因此要想使以信息为基础的系统发挥作用，必须要求每个人和每个部门都为他们的目标、任务和联系沟通承担起责任。每个人都必须自问：我能为组织贡献什么？我必须依靠谁来获取信息、知识和专门技能？反过来，谁又依靠我获取信息、知识以及专门技能？这样的组织能促进成员的自我学习和自我发展。通过对一些国外大公司的观察与研究，人们发现学习型组织主要有以下几个特点：

第一，适应于团队工作而不是个人工作。传统的直线结构以自上而下的指挥取代了人们寻求合作的自然能力，这是不能够适应时代挑战的。目前国内外可行的管理创新几乎都在一定程度上依赖于团队的力量。

第二，适应于项目工作而不是职能性工作。当员工从静态工作转向解决一系列问题时，他们将工作组织成项目，每个项目都需要一个跨部门的小组，这些小组随着项目的进展而一起学习。

第三，适应于创新而不是重复性的任务。在电子技术日益发展的今天，重复性工作将越来越多地由计算机处理，人的工作是创新和关心他人，这是计算机所不能做到的。

第四，有利于员工的相互影响、沟通和知识共享。学习型组织都着力于形成一个宽松的、适于员工学习和交流的气氛，以利于员工之间的沟通和知识共享。

第五，有利于企业的知识更新和深化。学习型组织一般都建立一定的学习制度，定期组织教育和培训，鼓励员工学习，不断更新和深化自己的知识。

第六，有利于企业集中资源完成知识的商品化。学习型组织有利于将一些在知识和经验上互补的员工集中起来，共同进行研究开发，加快知识的商品化过程。

第七，有利于企业增强对环境的适应能力。由于不断地吸收新信息和新知识，学习型企业能够站在时代的前端，把握住企业所处的大环境，随时调整自己的发展方向和市场适应能力。

在学习型组织中，领导者是设计师、仆人和教师。领导者的设计工作是一个对组织要素进行整合的过程，他不只是设计组织的结构和组织政策、策略，更重要的是设计组织发展的基本理念；领导者的仆人角色表现在他对实现愿景的使命感，他自觉地接受愿景的召唤；领导者作为教师的首要任务是界定真实情况，协助人们对真实情况进行正确、深刻的把握，提高他们对组织系统的了解能力，促进每个人的学习。

学习型组织的意义在于：学习一方面是为了保证企业的生存，使企业组织具备不断改进的能力，提高企业组织的竞争力；另一方面更是为了实现个人与工作的真正融合，使人们在工作中活出生命的意义。

二、高校具备学习型组织的特征

关于高校与学习型组织的关系，不少研究者已有一些论述。如，福雷斯特（Forest）认为大学和学院与学习型组织一样都有解决问题的动力，他和芬奇（Fincher）都认为大学也可以运用学习型组织理论，以改善管理获得更好的发展。此外杜克（Duke）、坦姆（Tam）、帕特森（Patterson）等，也从高校人员组成、使命、内部环境等自身特点与学习型组织特征的角度，研究了高校转变为学习型组织的条件、策略等。林仙易认为，这些研究结论可以归纳为三点：第一，运用学习型组织理论有助于提高大学运行的效率；第二，大学越来越重视运用学习型组织的理念；第三，不同的大学环境和教师差异会影响学习型组织的形成。林仙易运用学习型组织理论对高校和教师发展进行研究。在其博士论文《学习型组织与高等教育中的教师发展》（4 Study of Learning Organization and Faculty Development in Higher Education）中，林仙易认为，运用学习型组织理论将对于大学的改善（university improvement）和使学生成为更积极、更善于思考的学习者都是十分有益的，而在这个过程中教师是一个关键性的因素。由于高校与企业之间存在着差异，学生也与企业的客户不同，高校在运用学习型组织理论时应当格外关注教师的参与。教师站在学科知识的最前沿，他们运用并不断创新有效的教学策略，他们是学生高效的咨询者和指导者。他们独立地管理和组织时间、精力、课程和教学。高校教师具备学习型组织成员的一些基本特点。而高校教师发展是一个促进教师持续学习、积极运用知识探索和解决问题的过程，通过提高教师各方面能力、平衡家庭与工作等，使其具备学习型组织成员的特征。推动高校教师发展实际上可以理解为推动学校建设成为学习型组织的过程，可以运用学习型组织理论来推动这一实践工作。

（一）学习型组织与高校目标相同：推动组织和个人的发展

学习型组织理论中企业管理的目标是实现企业最大化的发展，而在实现这一目标的过程中就需要全体员工将组织的目标具体内化为自身工作中的目标，形成所谓的共同愿景。共同愿景的形成需要达成一个条件，即员工的自身发展与企业的组织发展密切相关。学习型组织的要素之一就是建立愿景，可以凝聚公司上下的意志力，通过组织共识，大家努力的方向一致，个人也乐于奉献，为组织目标奋斗。愿景必须得到广泛的理解并被深深铭刻在组织之中。这个愿景体现了组织与其雇员所希望的长期结果，雇员可以自己自由地识别和解决眼前的问题，这一问题的解决将会帮助实现组织的愿景。但是，如果没有提出协调一致的共同愿景，雇员就不会为组织整体提高效益而行动。

高校组织的发展目标是完成自身人才培养、科学研究和社会服务等任务，进而能在高等教育机构的生态中获得更好的声誉和发展。高校组织的这一目标与高校中的每一位教师都密切相关，高校发展目标的具体化可以成为教师个体的实实在在的目标。高校教师在实现自身目标——解决知识发现、传播和运用中的相关问题的过程中又可以帮助高校组织实现愿景。教师完成教学、科研和社会服务等工作实现个人发展的过程与高校组织的发展目标具有内在的一致性。当然，教师的行动必须是将组织愿景与个体愿景进行内在融合与协调，否则教师将不能成为组织中有助于愿景实现的有效的一员。从教师作为教学者、研究者的身份来看他们与高校关系密切，其个体的发展与高校发展总是密切相关的。因此，从这一角度来看，高校组织中学校发展目标与教师目标的关系与学习型组织理论中个人目标是组织目标的具体化的要求是一致的。

（二）高校和教师：具备学习型组织的特征

学习型组织基本特征之一就是善于不断学习。学习型组织中的个体要求能进行"终身学习"和"全过程学习"，要求组织成员具备在各种条件下进行学习的能力，随时随地进行学习，实际上是要求成员具备主动的学习习惯、不断探索的习惯、学以致用的习惯和不断提高自身能力的习惯，在工作过程中，学习成为其成员工作的需要。

首先，高校教师具备学习是个体工作需要的特点。高校教师的实际工作需要的是不断的、主动的高级学习。从高校教师个体的特征来看，高校教师区别于中小学教师的一个明显的特点就是其从事的是更为复杂的高级知识的活动。高校教师的科研工作是对前沿、不确定的知识的探索，是解决人类问题的探索，是一种高级学习。相对于中小学教学中主要传授已有定论的基础知识，高校教师的教学工作则是向学生传授高级知识，这些知识很多还处于探索之中，教学过程不仅是学生的学习过程，同时也是教师的学习、探索过程。对高校教师而言，研究（包括对教学的研究）是其职业的基本特征之一，研究本身就是他们的一种高级学习。高校教师要做好自己的工作需要将学习视为自身迫切的愿望，将学习视为发展的内在需求。理论上，高校教师的学习和研究不需要外在的提醒，是一种主动的学习。

其次，高校教师具备典型的"自主管理"特征。学习型组织理论认为，"自主管理"是使组织成员能边工作边学习并使工作和学习紧密结合的方法，也是学习型组织的重要特征。高校教师从事的工作具有相当大的独立性，学术自由是高校教师工作的特点。高校教师在课堂中具有教学自由，从事科学研究也需要能独立自主地选择研究方向、问题，自主开展研究活动，在工作各方面都享有较大的自主权，进行自主管理。高校教师在从事各种学术活动时都会对自己的活动进行独立自主的评价，并以此进行学术活动的调整。

突出的学习化特征和自主管理的教师特点也使得高校在教学和科研上保持学习能力，确保能较好地解决发展道路上的障碍，保持作为组织持续的发展能力。

三、学习型组织理论对高校教师发展实践的启示

从以上分析我们可以看出，高校在组织和个人特征以及目标等方面具备成为学习型组织的潜质，与学习型组织具有很大的相似性，学习型组织理论可以作为高校教师发展的实践理论指导，可以为我们提供以下几个方面的理论指导。

（一）从学校发展的层面理解教师发展的作用

学习型组织是全体成员全身心投入并有能力承担学习的组织。学习型组织理论

认为，过去讲的企业竞争，说到底是人才竞争，这种观点不完全对，按学习型理论，企业竞争说到底是学习力的竞争。人才的学习能力、创造能力对企业在竞争中获得优势具有至关重要的作用。

对于高校而言，学校的发展与教师的发展休戚与共。脱离具体教师个体的发展来谈论学校在高等教育生态中的地位跃升、声誉扩大是不切实际的。学校发展所需要实现的在科研、教学、服务等诸方面目标达成和能力增强都需要大批具备相应能力的教师。而就和企业组织中仅保有一批高水平人才难以应对环境和市场的变化一样，高校仅仅具有一支高水平的教师队伍显然是不够的，要实现高校的组织目标还需要这些教师具有更强的学习能力，即高校中的组织个体——教师要能够实现发展，要能通过学习推动自身能力的增强，获得更强的创造力，完成更高水平的知识生产、传播工作，从而在同类型的高校中取得更强的竞争优势，使后一阶段的水平超过前一阶段，高校才能真正实现成长发展，实现组织的自我超越。

一支高水平的教师队伍是学校发展的静态要素，而以此为基础推动教师和学校组织协同发展，是动态的过程和实现目标的途径。高校中很多教师凭借学历、文凭被引进高校，经过若干年后他们评上职称，按部就班地完成各项工作任务，一些教师开始满足于自己的知识积累和工作现状，满足于过去取得的一些成绩，缺乏学习的动力，不再愿意从事发明、发现、创新等高级学习活动。这些教师并非缺少职称和学历，他们的发展出现停滞，关键是由于缺乏高级学习的动力和意愿。这样的组织成员对于高校而言只能维持其生存状态，无力推动学校发展，甚至成为学校发展的制约因素。

对于高校组织而言，意识到通过人才培养、引进形成一支高水平教师队伍只是一个基础工作。通过学习型组织理论的指导，提高对教师的发展与学校发展之间密切关系的真正认识，通过各种途径和形式去推动教师不断学习，增强教师的学习能力，提升教师学习意愿，才真正把握了师资队伍建设这一命题的内涵。

（二）关注教师多方面需求，推动教师自我实现

人的需求是多层次的，最低的是温饱，然后是安全感，其次是归属感，更高的需求是实现自身价值。学习型组织是让成员体会到工作中生命意义的组织。企业解

决了他们的温饱、安全及归属的需求，员工才能有更高的追求。管理者要尊重员工，公平对待员工，否则，员工就不会认真工作。企业要成功，让员工只贡献"手"是不够的，还要让他们贡献"脑"。让员工真正认同组织，认同组织的价值和自身工作的价值。

与一般企业不同，高校组织是依靠教师主要从事脑力劳动来实现组织生存与发展。教师的科研成果、人才培养中取得的成绩等等都可为教师带来极大的精神满足，这是教师自身独特价值的具体体现。需要层次理论告诉我们，高层次强大的自我实现需求可以让人超越某些低层次的需求，我们可以看到一些优秀教师在物质生活相对贫乏的情况下依旧专心科研教学，并取得瞩目的成就。但普遍而言，"安居"才能"乐业"，帮助教师解决基本的生活方面的问题是推动教师更好地关注工作，潜心学术和不断学习发展的基础，这也是教师认同学校目标和自身价值的基础。学习型组织理论提出的倡导"员工家庭与事业的平衡"等，这是高校教师发展中特别需要注意的。关注教师的个人发展使他们能对生活有较高的满意度，推动教师实现工作和家庭之间的平衡，从而有条件专心工作，取得更好的成就。教师基本需求满足之后更能认同学校作为组织的发展目标和自身工作的价值。

在现代社会，高校中的教师工作同样压力倍增，学校要关注教师多方面的需求和压力，帮助教师解决生活工作中的相关问题，教师才能更好地关注学术和自身的提高。学校要关心教师的身体健康和心理健康，要关注其子女的入学和配偶的工作，关心其住房和交通等等方面，让教师在生理、安全、归属、尊重等需求得到满足的条件下，不断引导教师实现高级需求，推动教师通过学术工作实现自我价值。

（三）创造学习氛围，推动组织发展

学习型组织是通过学习创造自我、扩大未来能量的组织，学习不是为了学习而进行的学习。因此，一个组织整天学习而不创造就不是一个学习型组织，而只是一个形而上学的组织。学习型组织的学习强调把学习转化为创造力。组织仅仅学习许多知识，但未付诸实践，这些知识也就成了无用的了，并不是真正的学习型组织。所谓学习型组织，是指通过培养弥漫于整个组织的学习气氛、充分发挥员工的创造性思维能力而建立起来的一种有机的、高度柔性的、扁平的、符合人性的、能持续发展的组织。这种组织具有持续学习的能力，具有高于个人绩效总和的综合绩效。

对于高校而言，要实现教师的发展和学校的发展，仅仅推动教师不断学习是不够的。教师通过学习，获得新技能必须能够给工作带来新变化和进步，即通过学习，教师要能实现更高质量的教学、科研和服务工作。比如，教师参加教育技术知识的学习和能力培训，具备了进行教学改革创新的能力，但学习最终的价值是体现在教学工作发生变化、人才培养的质量和水平得以提高上。当然，这其中可能就还需要学校创造条件和教师主观愿意将所具备的能力运用到教学之中。要达到这样的目标，其中关键环节就是推动组织发展——形成鼓励教师进行创新和发展的组织制度和氛围，比如对教师改善教学的行动给予奖励，出台鼓励性措施推动教师进行教学改革，对取得成就的教师进行表扬和奖励，对需要帮助的教师提供支持条件。一方面需要对教师改善工作的客观条件提供保障，另一方面则需要高校采取措施促进教师产生着手改善教学、积极创新工作的意愿。

随着学习型组织理论在企业管理界风靡，《第五项修炼》的热卖，20世纪90年代美国掀起了开展学习型组织学习的浪潮，彼得·圣吉也因此被称作学习型组织之父。由于这个理论过于理想化，甚至与现实情况相矛盾（譬如大多数企业的组织架构无法实现学习型组织所要求的层次扁平和结构开放），实际操作起来并不理想，火热的学习浪潮逐渐退去，剩下的是理性思考和研究。如何让学习型组织理论与企业实际相结合，从而真正发挥出创新的作用是学习型组织的意义所在，也是管理工作者与学者们所关注的问题。在此背景下，出现了新一代学习型组织理论。

新一代学习型组织理论认为，学习型组织是一个通过持续的学习、进行持续的改良和创新的组织，学习型组织的核心是建立有效的学习和创新机制，而不是个人和团队的修炼。一旦建立有效的机制，组织的学习和创新能力就会不断增强，就会逐渐发展成为学习型组织；而个人和团队的修炼带有浓厚的主观色彩，并不能在客观上确保经过努力后企业就能成为学习型组织。新一代学习型组织在原有组织架构的基础上建立一个名叫学习网的影子组织，学习网是由多个不同主题的学习与创新小组所组成。企业原有的管理架构（层级管理型）从事原有的职能工作，而学习网（柔性扁平型）则从事创新工作。因此，学习型组织同时具有柔性扁平型和层级管理型两种矛盾的特征。保留了层级管理型这个特征，使学习型组织理论与企业管理的现实相符合，从而使学习型组织可以真正发挥作用。

新一代学习型组织理论强调的是学习不会自动发生，要成为学习型组织，更为关键的是要具备或者形成学习的内在机制（创新也可以认为是一种高级的形式的学习）。从这个意义上讲，学习型组织理论指导下的高校教师发展实践要真正得以推进，更为重要的是要在学校建立一种促进教师不断学习的机制。这种机制的形成可能要求发挥学校行政权力的作用，即通过行政的方式要求教师不断增长其知识发现和传播的能力。

当然，毋庸置疑，高校在本质上与企业有着重要的差别，是一种非常特殊的组织。高校组织的特殊性包括了目标的模糊性，服务对象是学生而不是物资；高校采取的技术是不清晰的非常规技术；组织成员以专业人员为主，环境对组织的冲击较强，高校的形象是有组织的无政府。在学习型组织这种企业组织管理理论指导下实施高校教师发展工作，需要特别关注高校教师与企业员工的差异、高校与企业的差别，有选择地借鉴这一理论中的适应于高校特殊环境的部分。

第三节　知识社会学理论

一、知识社会学视角下，高校教师发展与知识权力增长

知识社会学的基本思路和理论预设认为，社会发展对知识生产有决定意义，例如，权力因素对于学术资源配置的制约，知识产生过程中受历史因素的制约，学术共同体中存在内在秩序和固有体制，展现的是知识生产的"社会化"场景。专门以知识（创造知识、传递知识）为职业的教师需要劝服别人接受他们的知识（学生、同行和社会），在别人接受其知识的过程中，教师就获得了权力。高校教师发展是教师能力的增长，也是教师权力的增长过程。从知识社会学的角度分析高校教师发展并不是像福柯那样分析教师如何被知识所教化、知识如何控制和规训学生，而是主

要关注教师如何更好地创造知识和传播知识以提高教师的影响力，从而推动教师发展。

正如伯顿·克拉克所言，学者的专门知识是一种独特的和至关重要的权力，它赋予组织中的某些人以独特方式控制他人的能力。在高校内部，一般意义上讲，"知识权力"是流行的现实。意即，最充分拥有知识的人有最充分的发言权，反之则没有发言权，任何领域中的决定权应该掌握在有知识的人手中。

首先，获取知识权力的认可是成为高校教师的前提。在现实条件下，在成为高校教师之前，学子们要通过较长时间的学习过程获得一定的学位。他们从远离知识权力的地方走入知识权力的中心——各级学校，通过接受知识权力无情的考验（比如高考等），然后在高校中接受严格"规训"，然后以优秀的表现来获得知识权力的认可（如获得各种学位），这是进入高校成为知识权威的门槛。接受知识权力的规训、认可知识权力的影响是其今后行使知识权力的基本条件。也就是说，在成为高校教师之前，就需要了解知识对于个人发展的作用。

其次，获得高校教师身份之后，知识权力对教师发展发挥着至关重要的影响。

知识社会学者弗·兹纳涅茨基对知识人的分析有助于我们的理解。他将"社会圈子""自我""地位"和"功能"四个概念作为一个系统，构成社会角色分类的范式，对知识人进行系统的比较分析，并对知识人进行角色分类。弗·兹纳涅茨基根据知识参与的方式对世俗学者划分为六类，即真理的发现者：创立"思想学派"；组织者：从发现者的原理出发，以演绎的方法检验某些领域中现存的知识，并且将其组织到一个连贯的系统中去；贡献者：做出新的发现，说明经验与大师建立的系统相一致，整合证据；真理的战士：在论战中使学者们相信，他的学派拥有获得理性证据证实的真理主张，保证论战的胜利；知识散播者以及普及推广者：激发人们对知识的兴趣，使得学问获得更加广泛的支持。

高校教师的社会圈子，就是参与高校教学、科研与服务的一群人，作为一个专门群体，其内部具有很强的凝聚力，有大家必须共同遵守的规范。每位高校教师都是自己群体中的一分子，在群体中占有一个"位置"。对于占有某个位置的人，人们对他都有一定的期望，也包括他本人的自我期望。在弗·兹纳涅茨基的分析中，高校教师在"圈子"中处于不同位置就决定其承担着不同的角色，同时也被赋予了不同的权力。六类学者其实就是六种不同的角色，也意味着有不同的权力。高校教师除了作为一般公民所享有的一般社会权利之外，高校教师还作为专职教育者享有如教育自由权等特殊社会权利；地位包括政治待遇、经济收入、生态地位及其他物质与精神上应获得的地位，他们应该受到社会的尊重与承认。高校教师在享受权利和获取地位的同时，必须发挥自己在教书育人、科学研究、社会服务和参与高等教育竞争等方面的功能。而在弗·兹纳涅茨基角色分类框架中，高校教师不能够被简单地划为"知识的传播者"中的"普及推广者"或是"教育者"这一亚类型中。对社会角色的分类不是对人进行的分类，每一个知识人都可能兼任几个角色。依据知识社会学的理论，通过以上对高校教师社会圈子、自我、地位和功能分析，现代社会的高校教师属于知识人，应该既可能是"世俗学者"："知识的传播者""知识的组织者""知识的贡献者"；也可能是"知识的创造者"或者"技术顾问"，也可以是它们这几种角色的有机结合体。

高校教师权力增长以及伴随而来的发展来自其操作知识的水平与方式。在现代大学中，由于日益强调对知识发现或者说对知识创新的日益重视，现代大学中教师的每一次擢升都必须做出新的贡献。学者取得最高成就莫过于做出一些重大的知识发现。发现新知识是成功扮演知识人角色的最好方式之一。因此，越来越多的人认为，高校教师作为世俗学者的角色，能够成为"真理的发现者"和"贡献者"，能够获得知识人"圈子"中最大的影响力，实现个人的发展。学术职业存在着职位等级的差异，知识的发现和奖励认可是形成等级的基本条件。在知识领域工作中，包括高校教师在内的研究者通过估量彼此工作水平和能力将每一个学术人员置身于无形而又现实存在的分层之中。美国大学教授、诺贝尔物理学奖获得者卢易斯·阿尔瓦雷斯说："物理学上没有民主。我们不能说某些二流人物对（某种）意见与费米（Enrico Fermi，著名物理学家）有同样的发言权。"这种不同的分层意味着包括高校教师在内的学者有着不同的权力，更意味着其发展水平的差异。

当然，作为知识的传播者的教师在教学中也可以建立起权力体系。高校教学包括书写、考试与评分同样可以实现权力与知识之间的联系，学科规训既生产知识及传授最佳的知识，同时又建立一个权力结构。霍金斯发现，书写、考试和评分成为了过去二百年来知识与权力的关键的连接方式，他指出，学科规训负载着教育上难解的谜团，既要生产传授最佳知识，又要建立一个权利结构，以期可以控制学习者及令这种知识有效地被内化。高校教师在这一控制学习者保证知识有效内化的过程中实现自身的地位和角色。而无论主要扮演何种角色，高校教师都应该具备专业领域内的高深知识。

高校教师从事学科规训的工作，其生产和传授知识这一过程实际上就是建立自己权力的过程。从教师发展的视角来看，高校教师获得这种权力的越大，那么其发展的状态就越好。高校教师发展的过程是其权力增长的过程。高校教师知识权力增长通过发现新知识和传播知识等手段实现，而其外在的体现就是在发现新知识和传播知识中影响力越大则地位越高，特别是其发现的知识越受人瞩目，则越容易获得地位和权力。如职称和学术荣誉系统对高校教师的分类标示着教师不同的权力地位、不同的发展状态，也暗示着教师在知识工作中所做出的贡献大小。

二、知识社会学视野下如何促进高校教师发展

由以上分析我们发现，高校教师的发展状态与其知识权力的关系息息相关，增长其知识权力就是推动教师发展。高校教师知识权力来源于两个方面，一是通过发现知识获得权力，一是通过传播知识获得权力。因此，推动高校教师发展实质也就是增强教师获得这两类权力的能力。

首先，要提高高校教师发现知识的能力，增长其在创造知识中的权力。高校教师作为知识分子要能够在学科领域内获得同行的认可，在知识发现过程中掌握更有效的方法和技术，接受本领域最高学历的教育是重要的途径，当然，这也关系到其在知识传播过程中的权威地位，关系到能否充分发挥其知识传播的影响力。高校教师要能够在知识领域有所发现并展示自我，首先要获得已有知识权力的认可，特别是最具权威的知识权力的认可，而取得博士学位是获得这种认可的基本条件。截至2014年，我国的高校专任教师中仅有20.4%具有博士学位，而超过40%的教师学历为本科及以下。因此，对于这部分学历较低的教师而言，要实现个人发展和知识权力增长，提高学历是其首要任务。在当前庞杂的知识领域，不同的知识权威能提供文凭以及附带而来的机会、地位等差别很大（学科专业之间有差异，不同学校之间、

师门之间差异巨大），高校教师获得的这些资本对其未来的知识权力和发展而言也是至关重要的，在某种程度上这些差异决定了其学术规训之后的发展状态。这是由于高校教师的学术职业发展存在着所谓的"马太效应"，包括学术积累优势、名校聚集优势、名师聚集优势，"有机会向著名研究者学习'重要的东西'的年轻科学家，在开始他们自己的事业时就早已有一个优势。他们不断从这种经历中得到教益，不仅仅因为它改进了他们的研究技能，而且也因为它使那些在工作、研究奖学金、研究费用和奖励方面有决定权的那些人知道了他们的知名度。这些年轻人可以说已经真正腾飞了……"因此，高校鼓励教师获取更高学历、学位，是推动教师发展的基础，与此同时，高校还要引导教师在获得知识规训过程中选取能够为自身发展带来更多资本的机会，即要选择在其学科领域中的名校、名师，跟随他们将获得未来更有利的知识权力机会，更有可能成为知识精英，为他们的发展创造更好的条件。

要推动教师将发现的知识公之于众，获得承认与奖励。爱德华·希尔斯认为，高校教师对于知识的责任是通过进行研究和"公开"发表才得以完成的，隐藏成果的做法则违背了教师的职责。发现新知识并不一定意味着教师会受到同行的认可，当然也就不一定能实现知识权力。如果没有发表作品，相关研究人员就不能继续得到资助并且会丧失信用。发表作品的动机就是促进知识增长，使个人成果受到重视，促进个人事业的发展。要实现知识权力获得认可，达到在知识领域中的自由还需要一个重要的环节，那就是发表。对于竞争激烈的学术生态圈而言，不发表就出局（publish or perish）。发表可以让高校教师的专业同行了解自身知识的发现及进展，在推动学术进步的同时扩大了自身在学术同行中的影响力。从学术界的新手到学术权威，完成这个转变大都离不开发表这个中间环节。学术期刊和出版社共同构成知识发表的平台。不同的出版机构所具备的渠道影响力不同。因此，同样发现的知识通过不同的出版机构发表可能出现完全不同的影响力，由此也形成了差异显著的学术权力平台等级。高校教师通过发表创造的知识，让自己更好地被同行认可，那么选择发表的平台也就极为重要。推动高校教师发展需要注意鼓励教师在更好、声望更高的学术平台上发表自己的创见。这一方面需要提高教师知识发现的质量，即提高新知识本身的创新性，另一方面也需要教师接受这些发表平台的规训要求，使得知识发表的形式符合这些更高等级平台的要求。

其次，要增长高校教师知识传递的影响力。发现新知识最能获得地位和权力，也最能直接促进教师发展。然而并非每一个大学教师都具备这种操作知识的能力和条件。实现知识的散播、应用或综合，成为知识"散播者"同样可以在知识人"圈子"中获得影响力。正如博耶根据卡内基教学促进会的调研结果指出的，评价任何形式的学术工作都有六个共同标准之一就是高深知识：某项学术活动要能称得上成功，必须要能全面反映该领域的知识，高校教师一定要有浓厚的专业知识。其途径可以通过博耶所阐述的"创造性契约"（creativity contract）来实现，就是指教师可以决定在未来一定年限内自己的学术工作重点。比如五年内主要从事研究，次要从事教学；接下来的几年中，转变学术工作的重点，转向应用、服务。通过"创造性契约"，教师可以根据兴趣选择工作重心，也可以促进教师尝试不同类型的学术工作，实现不同的知识人角色。博耶的方法是一种很好的理念，然而，在当前高等教育的格局下，研究（发现知识）获得的权力并由此推动教师发展的机会和动力要远远大于教学（传播知识）。高校教师在发现知识上的兴趣要远大于传播知识，这一方面是由于发现知识成为高校的职能之后对传播知识职能的影响，另一方面是当前高校知识制度使然。发现知识更能带来各种物质和精神回报，帮助教师解决发展过程中的职称、荣誉等学术认可的问题，具备更高的发展价值。但是，需要注意的是，对知识的承认并不意味着大学教师一定要发表大量的科学或学术论文以及众多著作，高校之所以成为学校并需要教师，源于传播知识的需要。因此，要推动教师有兴趣地扩展在知识传播中的权力就需要高校对已有的知识制度进行改革。要扩大知识传播对教师知识权力和学术发展的影响力，即将优秀的教学（知识传播）工作认可为一种也能带来学术荣誉的知识权力，高校就应该加大对教师教学的奖励，在职称评定等方面承认教师的优秀工作。需要看到的是，通过研究发现的知识相对于教学中传授的知识而言是一种本身更具创新性，其可能对教师所在的学科领域和学术圈带来影响，因而也相对于教师个人而言有更大的权力史教学过程中传播的大多是已有的定论性知识，相对而言更为保守，教师更多的是代表学科整体的权力，其影响的对象也多是等待接受规训的入门者（大学生），知识权力影响的范围有限，对象在学术圈中的层次不高。而在高校教师教学过程中还有另外一种知识——关于教学的知识，高校重视教学在本质上是重视和提升关于教学知识的权力。高校教师在教学过程中发现和使用教学的知识，推动知识传播的影响深度和广度更大，也可以使得受教育者更愿意和乐于接受知识的规训。我们也可发现，一些掌握新的、有效的教学知识的教师，他们在学校中获得学生的拥戴，同时也促进了学科知识对学生的规训，因而提高教师在学校范围内的地位和影响力。高校在知识的制度安排中，突出和重视教师教学知识权力将是促进教师发展的重要途径。

再次，要推动发现知识和传播知识两种权力的融合。高校教师两项与知识相关的工作彼此间存在着一定的冲突，发现知识更能为自身发展提供条件，高校教师更愿意将时间花在知识发现的工作上。如果高校能在制度设计上提高教师在传播知识上的认可和奖励，教师关于教学的知识在校内的学术权力上同样得到尊重和认可，提供相同的发展条件，一部分教师将会更愿意投身于知识传播的工作。如果教师对教学投入更多时间精力，那么在传播知识过程中也可能通过与学生的交流发现新知识，实现教学相长。同时学校可以设计相关制度，推动教师将发现的知识及时向学生传播，鼓励教师将前沿成果带入课堂，从而使得学术规训更有前沿性，带给学生的知识更为先进。通过以上两种方式实现两种知识权力的有机结合，更好地推动教师发展。

最后，要增强教师对知识本身的追求和学术精英的自我期望，鼓励教师创造和发掘更有影响潜力的知识。从高校教师发展的角度来看，其中很多学术精英之所以能够取得瞩目成就、成为学术权威，其初始动力并非直接为了获得知识权力，而是基于对知识本身的兴趣和爱好。比如德国的编外讲师，他们中的很多人沉潜学问，甘愿忍受较为清贫的生活，承受通往讲座教授中的各种考验和不确定性，他们志向不在于职业声望和稳定，而在于学术自身，把所从事的学术工作看作是建立在使命感和内心召唤之上的神圣职业。科学院院士杨福家在分析获得 2004 年诺贝尔物理学奖的三位美国物理学家与世界一流大学时说："……他们充满好奇与激情、充分发挥民主的欢乐集体中，沉醉于科学前沿的难题林海中，日夜奋斗！在三位获奖者背后是上千位同龄人在拼搏，他们只是代表人物而已，是幸运者。"只有强烈的学术精英的自我期望和对知识本身的追求才能促进高校教师在发现知识、传播知识过程中克服各种艰难险阻，在知识探索中的各种不确定性中坚定自我知识追求者的定位，登上知识权力的顶峰，获得知识权力和自由的体验，实现作为知识人的发展。

此外，高校教师的发展实际上也是成人获得新技能、新知识等的过程，是教师作为成人学习或接受再次教育的过程，因此，成人学习理论和成人教育理论也可以成为其理论基础。高校教师的发展也是其作为人的发展，高校教师在个体的成长发展过程中必然遵循和体现着人的发展的一般规律，发展心理学或人的发展理论也可以指导高校教师发展。此外，如前文所述，高校教师发展涵盖了教师专业发展、教学发展、个人发展、组织发展等诸多内容，因此，职业发展、职业规划理论、组织行为学理论等相关理论都可以为高校教师发展提供理论的新视野。包括有学者提出关于知识取向的哲学认识论、认知心理学和学习科学理论等等，都可以作为我们的实践指导，拓宽我们对高校教师发展工作的认识。

高校教师专业发展提升策略

第一节　高校教师专业发展的动力机制

经济学理论里一个重要的范畴就是竞争，这个是从市场经济的本质属性和基本的概念来探讨的。马克思和恩格斯在古典政治经济学的竞争理论基础上，通过对竞争这个过程在资本主义社会的运作，全面考虑了这个动态的过程，揭示了竞争的实质和规律及两者之间的关系，也形成了自己在这方面独特的竞争观点。他们认为，根据竞争理论，可以看到社会关系中每个系统的地位和作用。竞争可以分为两种，一个是从广义角度说，指的是对于同一个社会中，不同个体较量，但是这个竞争不是趋利的，更多是来源于大家好奇心的驱使；另一种竞争就是真正意义上的竞争，这个是在商品社会中，具有社会经济的含义在里面，是商品生产的同盟之间大家为了利益争夺、经济争夺而带来的斗争，也有可能是大家为了获得到最大的利益，产生互相的斗争。这个竞争是会导致个体在收入分配上产生差距而带来两极分化，其中一个个体被消灭或者吞噬，另一个个体因为竞争又会不断地强大，有更大的发展。所以，将竞争发展观运用到教师专业发展上，将开辟教师专业发展的另一个观察视角。

一、高校教师专业发展内动力：发展

教师专业发展是可持续发展的理念，是把生态文明作为发展的背景和动力的。其中，从生态文明的角度来说，从基础上来讲就是以生态学为基础。经济在大环境下所带来的生态文明，以及在社会系统的大环境下的生态文明都是需要我们去模拟生态系统的特征，并很好地去运用。因为我们会看到，生态系统从根本上来说也是生产过程、消费过程的结合。在生物界里，生物是在吸收了太阳光并在进行了光合作用的情况下，去促进植物生长；而食草动物则是在植物的生长过程中去吸收能量的，同时也构成了能量的转换，并达到了能量的积累，从中也构成了一个系统的和完整的能量相互转化的链条，这有点像流水生产线过程，一环扣一环，一个链条影响着下一个链条。同样，生态系统其实是消费系统和分解系统的统一，物质是从一个营养级到另一个营养级间实现消费，并且也实现了微生物之间的分解。由此可以看到，在这样的周而复始的生产之中，我们看到消费和再生产，能促使各种营养的物质和能量都实现充分的利用。在这个过程中，生态系统周边的环境也在不断地改善和利用中。由此可见，处于自然的状态下时，生态系统对于资源来说有很高的利用率，这个资源的利用率就是指生态系统能够对物体的特征充分发挥和利用，能除去多余的不用的东西，并在单位时间内产生大量的能量。所以生态系统就是在能充分利用这些资源的基础上，对生态中阳光、热量、水质、土地中存在的矿物质都能很好地利用，并不去刻意追求这些物质的数量和生物个体的数量。

生态系统的另外特征就是稳定性和调节性，也就是有自我调节和恢复能力，这也能对外在的环境起到调节和稳定的作用。所以说，教师的专业发展是以生态文明的建设为发展目标的，对于学校的生态系统来说，这个对外的环境能起到一个调节和稳定的作用的。可以说，教师的专业发展是把建设文明的校园生态环境作为目标，是融入了学校生态系统的。在高等教育的生态圈中，要努力建立能很好利用的资源，有比较强的稳定性和物种多样性，这样就能促使生物个体和组织实现相互的协调并能保持和平共处，实现各系统之间生产、消费和再循环的实现，这对自己所处的环境和外界的环境都能有稳定作用。

竞争并不是指残酷斗争和严峻对立，而是如何保证能够处于文明的情况下各系统和谐共处。所以以竞争观来看，就是要保证能够实现和平和谐共处、建立再循环系统、对资源的合理利用、对负面的调节和对自我的满意五个方面。但是首先需要的就是和平和谐共处原则。在生态文明社会，我们会发现在全球大规模的人口爆发的情况下，面对工业化快速发展，整个国家都越来越城市化，让城市这个原本拥挤的空间变得更加狭小，各种生物对现有的物质、钱、能源等再分配，这些能量在无形中也会有紧密的关联。可以这么说，对于人与人之间是否能够实现和平共处将会是一个巨大的挑战。怎么能让大家在城市化背景下实现和谐，这对于中国来说是个机遇，对于世界来说，也是机遇和挑战都并存的。对于全世界来说，现在已进入了城市化的进程中，城市都要面临着高密度的人口和有限的资源和信息，这也就导致他们会相互作用，相互剥夺。让人类实现和谐共处，这就给世界带来一个挑战。

在生态文明中的表现也可以体现在物质上的再循环，对于当前节约型社会来说，在资源越来越稀缺情况下，再循环被认为是一种节俭的表现。所以竞争也就是对现有资源的再利用基础上，实现对资源的再循环、再造，最终找到适合自己的，能够被自己所用的资源，这也是竞争带来的优胜劣汰的原因，做到物尽其用。同时，生态在文明的国度还主要强调了在系统中存在的负反馈，这实质上是自我纠偏的机制。我们看到经济发展过快，各种项目的投资也逐渐让人瞠目结舌，甚至有很多重复的项目不断进行，这些究其原因所在，是由系统控制论造成的。也可以发现，这是由于各方的利益在相互博弈而造成的，是系统内各因素对经济、政治和文化的一种反应。因此，对于社会来说，需要产生一个负反馈以便于引导和控制。在生态系统中，则是对此进行调节，这是值得大家去思考和感受的。

生态文明还表现在物质和财富上的度，这要求大家在发展经济上都要合情合理地去做，近年来比较流行的供给侧管理，就是讲述了一个在竞争下发展的道理，发展的目的是要满足需要，而不是满足欲求。作为生态文明来说，生态文明既是对产业结构、增长方式和消费模式上有所改变，也是对大家在伦理道德感和对价值的变革。由此可以发现，更多地是对政治、经济、文化各种价值观的体现，也是对法治道德观的感受。所以说，对于生态文明作用下所有观念在转变上与社会的变化是相同的，如何去利用好地球的资源，如何更好地将地球资源进行再利用是亟待解决的问题。

教师专业发展的特征与生态文明特征在某些方面是有互相性的，教师专业发展最终目标就是要实现可持续的发展，这里就包括横向上的全面发展和纵向上的协调发展。可持续发展在对象上来说，是对作为组织的学校和个人在教师的角度进行的，二者之间是互相为基础和互相为保障的，并且是相辅相成，互相促进的。作为教师的专业发展来说，是知识、技能和师德的三个要素互相结合，组成一个完善的系统来发展。但我们也不得不面对一个问题，现在很多高校对教师专业知识和技能的发展很看重，更多是关注教师在专业知识拥有的程度，对专业技能的掌握程度，都想看到培养出技能专家，但是对教师师德水平、职业道德到底如何反而没有关注。这在无形中，促进了教师在知识和技能上竞争的程度，但是缺少有血有肉的灵魂的竞争，这样的关注，也许在短时间内会让教师和学校都受益，但是长此以往，会让教师缺失对自我的觉察。这样的管理第一是过度开发，让教师在脑力和生理、心理上都会有所破坏；第二这样也会把教师的培养过多向骨干教师方向去发展，而违背自身发展的规律；第三就是会导致资源的不合理分配，会让部分专业技术不强的教师陷入自由发展的阶段，学校没有关注到他们的发展，由此导致个人发展受制约和受影响。发展是促进教师专业发展的内在动力，只有让教师专业发展在受重视、受机遇、受关注情形下，兼顾可持续发展理念并给予支持，才能促进其生态平衡体系的建成。

二、高校教师专业发展外动力：竞争

在 20 世纪末，经济的快速发展为竞争带来了不断的压力，让竞争也不断地加剧，但同时，也让我们看到一些不良的竞争、恶性的竞争现象开始不断地出现。这样，人们也就开始在探索新型的竞争方式以避免由于不良的竞争而带来的后果。在这样的背景下，生态竞争理念开始被运用到企业的竞争领域，并且逐渐影响到教育领域、科研领域以至于政治领域，生态竞争的理论也为在新时期社会组织的生存、生态竞争法则和管理提供了一条路径。

（一）生态竞争的特点

生态竞争不同于一般的市场和经济类竞争，因为从竞争的自身特点出发，生态的竞争是一种对成本资源节约的竞争；而根据竞争主体之间的关系，又能看到生态竞争又是一种互利且能够促进双方得到实惠的竞争。从高等教育发展的高度来看，生态竞争又是一种互补的竞争。生态竞争是非常关注和重视竞争的成本的，因此，在考虑规划与发展的时候首先要把成本收益放在重要的位置。从高等教育竞争的整体来看，由于有很多的竞争者，高校以及高校教师在实际工作中获得的利润还只是全部利润的一部分，而不是全部，所以对于教师来说也要考虑到最大化的发展。比如跟企业竞争来说，企业就认为最大化的利润就是自己把所有的竞争对手都给打败并且获取这些对手的竞争份额同时能获得利润，这样，企业为了实现这个目标，就会不计成本、毫无章法地进行竞争活动，并且尽一切可能性与竞争对手互相打击，这样也就会出现不良的竞争和恶性的竞争，这样下去的结果就是会失去诚信、失去利润和地位。所以，在高等院校采用生态竞争，就是看到了竞争这一个本质的特征，把利益的成本提高到对竞争行为优先考虑的地位。其次，生态竞争是要求竞争双方能够实现互惠互利性的，而不是大家是冤家是对手，是要互利和谐、共同合作的。

在高等教育中要实现教师间的生态竞争，就是在教师和其他教师竞争对手之间达到一个能够双赢和互惠互利的平衡点，让大家将原来互相排挤或者互相提防的关系转变为合作的关系。正如有人所说，对于现在的人来说，目标并不是仅仅在现在的游戏中取胜，而是能找到一个大家都能够取得胜利获得利益的方式，这种互惠互利的方式其实正是我们生态竞争中大家重视与推崇的。当然，在生态的竞争中还有个互补性。从目前发展的角度来看，在企业之间有互补的关系，这样就在无形中能够达到行业在发展空间上不断扩大，在发展领域的扩展上以及大家在最后实现利润增长上都有所体现。竞争者之间互补的关系是把大家竞争所带来的冲突慢慢弱化，引导大家去降低成本，最后能够把收益提高。

（二）生态竞争在教师专业发展中的应用

进入 21 世纪，学者们也开始关注将生态竞争的理论融入高等教育事业的研究中。随着我国在高等教育事业发展上越来越迅速，高等教育的国际化趋势也日益增强。这样，在市场经济的大环境下，高等学校之间的竞争也在不断地激烈和强化。因此，对于学术界来说，为了能够探寻到如何能够解决高等教育竞争而实现的良性循环、避免恶性竞争所带来的问题，很多学者都将生态竞争的理论应用到了高等教育之中。比如谭晓晴在探讨当前高校在进行人事制度的改革时，探讨如何能够在人事改革生态环境下，利用生态竞争的排斥原则来解决在高校中存在的管理和生存、竞争和发展的问题，建议高校要本着共存和共赢的共生理念，实现在生态管理上的优势，而保证更有竞争力。刘春艳等则是结合了高等教育的理论和生态竞争理论的优势，把能够建设出开放的、复杂的和动态的教育生态系统作为出发点，并本着全新的视角和视野分析了高等学校的竞争和生存环境，也探讨了高校在办学定位，人才培养和管理制度上，招生和就业上需要解决的问题，并给出了一系列的好的建议。魏在红则是分析了在民办高校中和成人高校中大家在竞争的领域如何应对以及竞争的策略的问题。黎志华和戚业国从高校如何能够发挥其优势，采取一系列的手段和措施，实现从目标入手，并探求出适合我国高等学校竞争优势和形成策略。同时也有学者根据大家对学校的竞争进行了分析和研究，认为虽然很少有人直接把生态竞争作为一个概念来研究，但是在运用的时候，可以看到大家是想把竞争看作是外在动力给予的压力，这是促进其不断发展不断壮大的一个非常重要的途径。

三、专业发展三要素在竞争动力机制下的运作手段

所谓动力机制，其实是指在一个事物里，能促进事物去发展和变化的结构，是事物能够运动、发展和变化在不同的层级时的推动力量以及影响他们产生和传输所要发生作用的机理与方式。对于教师专业发展来说，它的动力机制就是要推动几个要素之间互相作用并能够实现作用的机理和方式，也是教师在专业发展的过程中，实现各种功能、结构和完善条件的总和，是内外部环境之间能够实现相互作用的方式。竞争动力机制是推动教师的发展，并促使其与内外部力量更好地实现互动，达到整体的运行提升目的，实现结构和功能的目标实现。

第二节　高校教师专业发展的目标诉求

可以看到，高校教师在发展的过程中，所处的生态圈相对来说是比较简单的，这样也就导致生态的资源是很有限的，生态的环境也受到了限制，这就需要我们的教师在教学活动的过程中，不能单枪匹马，各自为营，把自己放置在一个孤独的和相对隔离的状态。如果是这样，就会导致教师间缺少分享和互动，也会让大家在发展的过程上产生无能为力感，也会有对彼此的疏离，尤其是在当今这个发展迅速的时代，大家都会感到对于现在的教育变革来说，节奏有些跟不上。由此，大家相互联系，相互交往就显得非常重要，教师在发展过程中也在寻求平衡和发展的机会。

所谓共生就是指两个不同机体之间保持互惠互利、紧密合作的关系。共生已经从作为重要的生物概念发展成共生哲学的思想。共生也是一种思维方式，是对自己的认可和接受他人的一种相互依存关系。因此说，共生是达到"万物并育而不相害，道并行而不相悖"的局面的。共生一共有四种含义，一是人和自然的共生，也就是让教师和学生走入自然，接触自然，在大自然的青山绿水、日月星辰中去叩问历史，访问宇宙，与万物为友、与自然为伴，这也是最基本最基础的共生。二是人和文化的共生。人要遵守和接受不同的文化带来的价值不同，肯定文化间的差异，并且重视教育过程中由于性别、阶级和地域等问题带来的差异。三是人和人之间的共生。教育活动进行的过程中，教育的主体之间都是平等的，是互相影响的。因此，教师作为这个平等的团体中的主导者，必须以积极的方式去引导学生，去指引学生建立一个平等的氛围，营造民主的氛围，也是要尊重各自主体之间个性的表达。四是群体与群体之间的共生，要认识社会中各社会关系，把每个人都作为世界的一个部分来看待，并且在相互交往的环境中，教师要在生活组织和共同体中发展并汲取营养。

共生包括共存、共为和共荣，这三者之间互相联系、彼此相互依存，这既是一种理念的指引，也是一种方法和实践的共存，也意味着教育对外界的开放。在教育的历程中，接受和尊重相异的因子而产生的差异，这种差异也就成为共存理念下大家能够不断运用价值，对蕴藏的隐性资本利用和接受，也正是这种存在的其他因子，引导教育拥有不断的源头活水，成为源源不断的历程。所以说，共生中的共为其实更多也是对这个历程的一种体现。在共为中，教师是这个生态系统中重要的因子，生态系统的平稳发展、和谐进步是系统中各个要素共同努力的结果，也就是各要素在协同互动的过程中实现系统健康运行的重要保障和重要过程，具体来说共为应该包括过程前的共同存在、过程中的共同运行和过程后的共同反思，这是三个不可分割的层面。其中，过程前的共同存在是意味着目前的任何决策都要在各主体在场的情况下产生，这种存在不仅仅是指形式上的存在更关键是要有话语权的存在，也就是说能在这里参与到决策的主体作用，并能对最终的决定起到实质性的影响力和作用；过程中的共同前行就是指系统作为共同体在行动，也就是共同体的各个成员在共同的愿景指引下通过对话共享所拥有的资源，并能形成积极的互相依存的关系，通过真诚合作的方式开展工作；过程后的共思就是一种合作反思过程，当然也是提倡要在个体内进行反思，目的是要通过团体的总结交流实现经验的再生成和资源的共享。现在看来，共荣就是对管理结果的规定，这要求管理不是出现剥削者和掠夺者产生的单向受益的关系，而是管理相关者均受益的过程，这也更能体现出道德的特性和作用。

一、高校教师专业发展的外在规约

对于高校教师来说，教师专业发展的过程是需要大家参与民主、互相交往一起协商的，也是显现出价值的多重性和彼此的差异性。针对教师的个体，教师在专业发展的过程中，呈现出生态位的分化，也能让大家看到教师在专业素质上体现出来的个体差异。由此可以让大家看到在分化的问题上，每个教师的个体差异体现在专业素质上，并且大家由于角色和地位的不同，所发挥的作用也是不同的，彼此在发展过程上都有自己的发展生态位。当然，用发展来带动平衡，去探讨生态规律在发展中的意义和摸索对教师专业发展的评价方式。这些多样化的指标，采用了多样化的评价方式，由此需要尊重教师的人格并且尊重教师的尊严，并要去激发教师主动发展的需要，这采用的是多元化的评价指标和方式，会对教师的发展提供了可发展、可看到前进的目标，并且能够通过营造良好真诚的合作的氛围，让教师间互相合作，这样就会有良性的互动和互存共生的机制在里面，这本身也是一个教育生态化的体现。

从社会角度来评价教师专业发展的方向，对社会的评价机构来说，是能够指导学校如何开展评价的，其中要求学校针对教师评价是从整体评价角度，注重同行之间的评价，由此需要建立教师专业发展中心，这对于教师在管理上来讲有非常重要的意义。因为社会的评价其实是根据教师的评价结果对政府提供咨询，帮助学校制定完善政策，学校是为整个评价把关。

在学校对教师专业发展的评价中，一直以来更重视的是教师和学校之间共同发起而成的组织评价，这样能解决高校在教学中所面临的实际问题，也能充分利用好校内外的资源，引导教师知行意的统一，并且形成了促进教师专业发展的生态管理。比如在教师的培训中，可以让教师充分享受自主权，引导教师能够立足于自己学校的实际，依照自己的学校要求，能够在充分吸纳外界的资源，大家互相配合，从而满足学校和教师的实际需要，实现教师和学校的共同发展、共同进步，并能够将这些付诸实践，让教学实践和个人发展相结合。如果能营造好促进教师专业发展的良好的氛围，则能促进教师在专业素质上的发展，并且能将其转为教育的资源，也更能符合好教育生态的发展，让教育生态能达到平衡、系统和稳定的发展状态。

在学校的生态圈探讨教师的专业发展，可以通过开展各种促进教师专业发展的结对方式，在培训过程中也要时刻抓住培训的实效性，提升校本培训的内在动力，这就需要对学校的组织文化进行组建，营造和突出教师的文化，由此也能表现出教师的价值观念和行为方式。教师的文化还能表现在教师这个群体是可以共同拥有相同的信念，这就需要教师具备专业精神、能有职业素养和营造好适宜的融洽的氛围。这其中，对于教师自身来说，专业发展和文化建设彼此是密不可分的，教师的文化建设过程其实也是教师的自身发展和团队交流合作的过程。可以看到，对于促进教师的专业发展，积极的教师文化很重要，需要教师能有意识提升职业效能感增强幸福感，增强教师对事业的热爱，能让教师朝着同一个理想和信念，带着崇高的敬业精神和敬业品质，有意识去维护和发展同事之间的关系。对于学校来说，关注和加强教师心理健康教育的建设，能在学生间营造出宽松环境和适合教师专业发展的空间，这些都有助于在教师这个生态群体里建立出和谐、真诚、积极向上的教师文化。

二、高校教师专业发展目标诉求的价值取向

就目前来说，由于大家在评价教师专业发展的时候，普遍采用的是以社会价值为取向而淡化以教师的自我价值为取向的评价方式，因此也就造成了教师在专业发展上价值取向的偏颇，这样的偏颇做法的主要特征是表现如下。

（1）教师在选择价值目标的时候，更多是关注于学历和受局限的专业教育。

由于社会在人才的培养规格和人才要求上逐渐提升，导致人才越来越多，也就会出现一味追求高学历、追求高职称的现象，这样就在不知不觉中衍生出高文凭、高学位的社会现象，这也是教师在专业发展的初期，我们衡量标准上难以避免的社会现象。

这正如市场经济时期出现了很多经济上的泡沫，造成很大经济繁荣的虚假情形，使那些假冒伪劣的产品现象发生。所以，这样就导致很多急功近利的教育主管部门，喜欢去计算教师中高学历的比例、高职称的比例、有头衔的各种人才的比例等，导致教师也是把学历提升和职称晋升当作自己的终极目标去追求。比如我们可以看到有些函授性质的学历教育，真正学习的时间只是很短暂的一段面授时间，大部分时间其实需要自学，这其实是需要教师在平时要花费比面授多几倍甚至几十倍的精力和时间去学，但大家都盯着最后那张文凭，也就不会过多去花费时间和精力去学习，能拿到文凭是主要的。所以说，这些都是受局限性的专业教育。其实对于还没有达到教师要求的新教师，通过对其授课上的专业水平的提升培训还是非常有必要的，因为他们需要掌握前沿的学科理论知识，能去认识和了解学科在发展方面的方向，并能拓宽学科的视野和学习的领域。但是，如果教师在专业发展过程中仅仅是做到这些，只会让自己沉浸在一杯水和一桶水的纠结之中，导致教师偏离其职业特性。针对这样的特殊性，其实教师可以作为在某个学科上的专家，也可以成为教育在理论和技巧上的专家，用严谨的、有学科基础的理论和完整系统的描述来弥补学科知识和专业水平的不足。

（2）偏离了教育是用来培养人的事实，没有意识到将实现大家的素质提升作为

目标。

现代的社会对公民在素质上的要求其实是多方面的，是要求大家和谐共处，并能将素质融入日常生活和行为中，能把社会公德、文化涵养和心理素质都结合到一起，这样来看，如果教师自身的素质都不是完美的，都不健全，又如何能够培养出具有完美人格的优秀大学生呢？当今可以看到一个普遍的现象，越来越多的人仍然是按照对教师专业上的要求来开展教师的职后教育，这样，教师的素质在全面性上也被大家所忽视，可以说这样的发展只看到专业发展而没有看到教师专业发展。

近几年，很多高校把精力会放在教师的职后教育上，把教师送出去进修，让教师在短时间内都获得了学历或职称上的提升，这样在无形中也就发生了教师规模急速发展的现象。对于在职教师的授课，由于大家受到平时工作的性质制约，也就只有通过减少授课的课时，降低考试难度或者灵活采用授课方式等来进行，对于曾经要一个学期才能完成的专业课为了能让教师尽快学完可能一个礼拜就会结束，最后考核还是大部分都是能合格的，这种集中授课的方式，虽然能实现一段时间内迅速完成学习内容，但是无形中打破原来的教学规律和教学的组织形式，这样的效果也就可想而知了。所以说，在教师的专业发展过程中，如果没有目的性的发展，就会导致大家对学历的追求是空前的，是急不可待的。现在可以看到各种研究生班的热度也会日益勃发。导致社会上各种名目的教师继续教育课程常常被标以"新世纪""跨世纪"等好听的帽子，这样就与教师所在地的经济文化发展的现状有所脱离。部分教师虽然可以完成研究生课程，实现课程的结业，但在花费了大量的钱参加培训后，学习的内容还是脱离地区和本校的实际，其实也是没有任何用处的，反而更显得纸上谈兵。

这几年，我国在教育技术领域的发展是非常快的，淘汰率也很高，对于发达地区的教师来说，可以互相效仿以提升教育技术水平。但对于欠发达地区来说，这样蜂拥而至的各种高成本的投入就会显得浪费，不容易看到回报。所以说，对于落后地区教师的培养，不能形式主义化，盲目推崇化，选择要慎重，更要求实，符合实际的需要。我们也会发现，现在有很多教师在参加这些专业发展提升的活动时，带有明显的功利性和功利态度。也就是为了证书去发展，为了某个目的和形式去发展，或者是应付专业发展之外的一些东西。

对于教师来说，教师的发展教育应该是教育部门和教师所在学校根据行政部门在大方向所把控的要求，根据培训目标和计划的安排，通过组织管理，规范设计，满足和实现教师在发展上的需要、学校的需要，并能将这些体现在培训中，推动教师主动寻求发展，能够根据意愿和指令积极参加到跟踪活动中。所以说，这样的教育能积极激发教师的发展主体性，能够有意识和积极应对，有学习热情又能有意识地去提升，在无形中就会提升这样的发展效果和效益。对于教师来说，就要从自身出发，有选择有目的去参加适宜适合自己发展的培训，虽然可能某些提升的培训是需要自己掏钱的，但是这样也会让大家愿意，因为看到这样发展进程给自己能带来的帮助，都会积极地去参加。

在教师专业发展的进程中，能够以生态平衡的理念为指导，把教师的发展与教师所处的生态圈融合在一起，这是社会的行为和教师个人行为的要求。这不但能让我们看到是社会发展的要求，也是教师个人的需求，尤其是从中看到个人的需求，特别是可以发现这是社会上对于教师在专业发展过程中所体现社会价值的取向，人们必须要考虑到这个发展的进程要能满足和实现教师在发展中的需要，这都是教师能够实现自我价值取向的体现。所以说，在教师专业发展的过程中，如果是片面地看待某个发展而忽视或者漠视另外的发展，就会对大家在发展的实践中产生不良后果有所反应。所以对于当前教师专业发展来讲，要平衡教师在专业知识、技能和师德等各方面知识的提升和培养。专业知识不仅仅是自己的学科知识，还包括对普通文化方面的知识、教育教学的知识等。现在，因为教师在教师培养和教育上还缺乏一些成熟的研究，对课程建设如何能引领发展等也缺少认识，并且大部分的教师教育的院校在人才培养的目的上更多地受到以前社会本位的影响而缺乏对教师对职业的认知、对职业道德的认知和教师师德的意识，这些也就产生了教师在职业性质认识上的偏见。

由此可见，在教师的职后教育的课程设置方面，就存在以下值得研究和亟待解决的问题。第一是如何超越仅仅是抓专业知识的培训。很多教师在当初的培养过程中，无论是专业设置还是课程设置，都是按照大家的职后教育的要求。尤其是教师在专业发展过程中，设计的课程会存在比例不合理，很多培训对教师职后教育没有基于发展的角度，没有对教师专业发展的专业知识、专业技能和师德境界等三个要素都涉及，或者即使涉及了但比例不够合理。第二是部分内容的设置会有所重复，在课程的安排和课程的结构上造成颠倒和不合理的地方。第三是在职后教育中对些迫切需要大家加强的能力缺乏必要的训练，不能满足教师的需要。

我们能够看到的教师在专业发展的过程中，对职业道德的教育有很大的缺失，也就反映出我们的师德建设是需要大力加强和培养的。长时间以来，公众对于教师来说在师德建设方面关注度不够，认为这个是教师与生俱来的品质，但是我们发现，社会对教师在师德的感受和教师自己所表现出来的师德水平是有矛盾和差距的。

当前教师除了担当传道授业解惑的角色，还必须树立好道德模范作用，要承担起传播社会价值观和文化大使的作用。但是由于教师在专业发展的各项活动中，逐渐都只能去关注社会价值的取向，而忽视了自我价值的取向，这样就会导致教师在专业发展的过程中师德境界下滑，表现在如下几个方面：一个是缺乏必要的事业心，本着得过且过的思想，而且进取的精神和敬业奉献的精神不足。这个主要表现在仅仅是完成了工作，但是不会去精益求精，懒得再继续学习和提高，一个课件可以用上 5～10 年都不换。二是部分教师对教师的职责意识不够强，不能真正将大学精神内化于自己的实际行动；三是教师不能够正确对待学术的实际需求，上完课就拍拍书本走人，而不会去关注他的学生的要求，没有与学生探讨学术问题的意识，只是把自己当成个教书匠来看。当然，这些问题产生的原因是多方面的，但是，对于教师专业发展来说，如果是一味强调教师应该怎样，不应该怎样，而把教师本身的合理要求放在一边不管不顾，这样就会导致教师在心理上的失衡，也会对其专业发展不利，导致走向反面的影响。

综上所述，对于教师来说，首先要明确其教师专业发展的价值意识，要用积极的态度去面对，而不是为了走个过场去履行。这样，即使用时间和精力投入到发展的活动之中时，除了学历上的提升外，在其他方面都会有所收获的，能让教师看到专业发展是教师个人社会价值的体现，也是教师将自我价值和社会价值相平衡和融合的体现。教师在专业发展的过程中，如果教师在自身专业上的自主意识受到限制，就会让专业自主权不符合现实。根据教师在职业发展的性质来看，教师的专业应该具有自主权，而且这个自主权的大小，从侧面反映出教师所处的专业发展水平。因此，可以说，这个是能衡量教师发展水平高低的一个重要指标。其实，长期的进程中，人们往往都习惯从义务劳动、无私奉献等角度来考量和规范教师。

（二）内生价值：以自我需要满足完善生命内涵

教师在个人的发展过程中，是看重自我价值实现的需要的。因此，在一般意义上来说，分为社会需要和自我需要两个层面，社会的需要其实就是教师个人对社会和对他人所肩负的责任和做出的贡献，是教师能创造出自我价值的体现，而自我的需要则是社会对教师的尊重和满足，是教师对自我价值需要的满足。对于教师来说，奉献和满足都是需要，而且两者是相辅相成，缺一不可，密不可分的。专业发展的过程就是教师在完成自己的工作后，能满足教师自我发展需要和实现教师承担了自己所承担的义务后，同时也满足教师自我发展的需要和权利的过程。所以，在关注教师生命价值的专业发展中，教师应该作为发展的主体，开始并完善作为职业人的社会学需要。

依据马斯洛的需要层次，人的需要包括生理的需要、安全的需要、尊重需要、爱与被爱的需要和自我价值实现的需要及潜在的超越需要，而从教师自身的需要来说，教师有着满足其专业发展的和发挥其潜在能力的需要。这些需要之间是相互作用和相互影响的，也是教师能不断发展和实现的气由此可以看到，对于教师来说，教师的需要和存在是有必要的，是让教师能用批判的眼光去面对、掌握和觉察这个世界，并且不断追求自我，创新自我。现实的需要就是在需要的推动下，不断对真善美有所追求，并不断努力追求的过程，这样教师自身的专业素质和专业结构也得到完善和发展，人格魅力得到提升，也就更有利于教师教育发展的过程。

因此可以说，教师在层次上的不断发展的过程其实就是教师在科学研究上不断提升的过程，这也是教师对于自身层次主体思想建构的过程。可以说，对于教师的需要的满足是促进其发展的内动力，也是教师在人格价值实现上能发展的动力，所以教师在自我发展过程中，不断地提升，不断地进步，也就能让自身的人格价值不断体现从而促进成长，这个也成为教师专业发展的内在动力。所以说，为了更好地把握和坚持在两个价值评价标准下教师专业发展的特征，我们要体现教师的生命价值，并把生命价值的实现作为教师专业发展的动力，这也就形成了教师在专业发展上的合力。这对于现在的教师来说，实现社会的价值而忽视了自我的价值，今后，就要注重教师专业发展个体的活力和竞争力，不断去完善教师自身的生命内涵，从而实现超越生命、领悟生命、体验生命，最终实现生命价值的统一。

对于教师来说，必须要尊重生命的价值取向，这就要经过以下几个努力：一是必须要尊重教师作为个体的生命。因为重视教师的专业发展，其实就是希望能在教师间营造出一个真善美的氛围和环境，能让教师间开展对话交流，而不是成为学校满足其利益实现的目标，这样长此以往，就会让教师慢慢地迷失自己，慢慢地失去发展的内在驱动力。所以，要逐步转变关系，把我和你、我和他等关系转为我和我的关系。因为我和他更多体现是对利益的追求，对主体和对任何事的占有和利用，并且有主体和客体之分，但我和我就是把自己作为发展的主体，从自身需求去寻找、去依赖，并且两者之间互相为主体实现目标。因此，只有在建立好了这种关系的情况下，再开展专业对话，也就能够实现对生命的尊重，自己人格的升华，才能更好地开展专业活动。二是能在发展的过程中，不断完善教师在生命发展上的内涵。生命内涵的完善从发展上来讲对于教师在个体生命的需要上和教师自身的发展壮大上来说是非常有必要的，也是教师能够逐步实现自我，完善最优的自我，展现其独特个性的。教师在专业发展过程中，就是要形成最好的自我，要有独特的个性去发展。教师作为发展过程中的生命活动主体，要根据自己所建构的环境来促进发展。

对于教师来说，大家的人生经历不同，也就让每个人有不同的生命内涵和对生命的解释，所以大家就要秉承自主发展意识，在原有的教师特征基础上，来发展教师的潜能。对于每个教师来说，教师的发展是有很大的差异的，不同的教师有着不同的发展的优势结构，这也就会影响教师专业发展的方向。由于教师发展的基础是不同的，因此教师在专业发展上就有不同的优势结构，这其中就会影响教师在专业发展上的方向和速度。由此可见，教师的专业发展应该是在各种手段和方式上找寻自身的闪光点，并且向着这个方向努力去挖掘潜力和对自己来说的发展空间。由此可以看到，教师的专业发展活动是通过活动去展现自己、挖掘自己的过程。

教师的专业发展虽然受外界环境的影响非常大，但是，在某些特定的条件下，其实教师的主观意志对于生命的发展影响更大。特别是在现在这个多元的社会，教师的自我发展能力更是对其个人的发展具有不容忽视的作用。所以说，只有那些有独立的人格，并且对自己的命运负责的教师才能掌控自己的命运。教师在专业活动中是需要从理念入手，把握自己、发展自己的能力。对于教师来说，要尽力在一个自由的环境中去成长，要有自由、和谐的文化氛围，只有这样，教师才能有意识地去追求完美的人生，能自由创造自己的生活。当然，要实现这个，首先的前提是教师要把握好发展的主动权，能够自我管理；其次教师是要有不断实现自我超越的意识，这种超越是对自己有不完美的要求，并且能把实践和自我的意识紧密相连，认识通过对自我意识的超越和感受自我中去发展，只有通过反思的过程，发现不完美的地方，才会去主动改变自己，让自己向着完美和理想的状态去努力。所以，对于教师来说，真正融入这个环境中，用共生的理念去获取生命的超越和价值的实现，其实也是教师内在价值实现的需要，是对其内在素质的一个道德的升华，是对教师价值体系完善所做的工作。从教师个人来说，其实自我发展的过程，价值实现的过程，也是教师在不断反思自我、创造自我的过程，是不断对自我超越的过程。

教师的超越表现在两个方面，一个是自我超越，由于不完美的存在，让大家在意识到不完美的同时，不断去突破和超越自我，并尽力将不完美的自己打造得更加完美，去设计和重塑自己，创造自己的形象，这样让自己向着理想的目标慢慢靠近。当然，作为教师来说，也要承认和认可不完美的存在，只有这样才有发展的必要。对于教师来说，仅仅是超越还不够，因为超越就是让教师不愿意过这种简单的生活，不愿意去重复生活。我们知道，人是有懒惰意识的，要克服这种心理，就是需要教师有毅力和创造力，要克服这些给予其不会发展的状态和形态，也要有坚持不懈的努力。对于教师来说，实现超越也不是一个很简单的事情，是需要教师自己付出努力和花费精力的。其实教师的一生都是不断发展的过程，所以教师就要不断超越自我，走向理想的我，继而实现更完美的我。对于教师来说，也不要把超越自我当作简单的事情，需要为此付出努力。

可以说，教师在自我发展上不论是因为外界原因还是由于自身的需要，都要重视创新创造能力的培养，从而提升教师生命的意义。这种对自身意义的关注，其实也是对自己创造性的关注，不是一味输入的，是对于人来说存在的必然。由此，从某种意义上来讲，人是以意义作为生存的本体的，一直在寻求意义的真谛，去找寻意义的本质。教师对生命的最大的超越其实就是教师对生命意义的追寻，是教师在关注生命价值的时候，引导教师通过专业活动去探寻生命的意义，去关注教师如何能实现真正的关注。虽然每个教师的表现方式是不同的，有的是为名，有的是为利，有的是为了国家和民族，有的是为了自己和家人，但是他们都要面对发展的意义和价值。所以，就要通过专业发展，去引导教师去思考这些初衷，去引导教师追问当初的原因，更要让教师去思考如何保持初心。对于教师来讲，就要从生命的视角来看待和思考问题。因此可以说，凡事能够发展教师的活动，都是有生命意义的。在越来越追求个性化发展的现在，如何找到生命的意义，也是教师都要面临的问题。去关注教师专业发展就是要主动思考生命的意义所在，并能有意识去提升，更应该去考虑如何去超越。

教师在发展的过程中是以实现个人的内在价值为目标，是教师专业发展的社会价值和内在价值统一的过程。因此，我们不但要把握教师自身的职业特征，也要去深刻体会教师的生命内涵，并将其作为自己在价值上的需求。这在做的过程中，其实也是一个平衡与抉择的过程，是去实现理想效果的过程。所以对于每一个阶段的教师来说，在不同的发展阶段，就要审视自己、反思自己和发展自己，并能发挥自己的主观性和能动性，能时刻去保持自己强烈的自觉性、积极性和创造性，展现出自己独特的个性和自强自立的风采。

第三节　高校教师专业发展的提升策略

一、以找寻职业价值感促进专业技能的提升

在学校这个生态圈，教师的专业发展是能够推动和促进学校发展的。对于学校的专业发展来说，高校是作为一个组织，学校的任务是加强组织的建设，这也是高校在发展上的必然需要。因此，可以说，对于学校就要发挥组织的作用，不要让教师独自打拼，要超越教师的个人圈子去纯粹的反思，让教师能够在组织的认同中实现自身的选择。而对于高校来说，也是要通过开展各种合作的课程，通过对课题的

合作和研究，开展专业对话、、同伴间互助，形成和谐的组织文化，由此将对话变成教师在专业发展中的一种方式，使得学校成为在高校教师中学习的社区和专业发展的知识社区。教师能够拥有生态学的观念，就是能通过营造良好的生态文化，在教学的活动中形成教师文化，发展教师的价值，建立起教师间的依赖，由此保持住教师和周围环境的联系。在教师的考核中，也不是仅仅以某一因素作为考核对象，而是要用系统联系观念，对大家综合素质进行考核，既要注重科研成果的数量和质量，也要关注教学效果的质量和成效；既要看到教师在学术上的造诣，也要看到教师在师德师风上的表现，要用全面、联系的观念来看待和评价教师。

（一）优化教师专业发展的生态圈，推进各类生态环境联系

生态文化建设是关注到人与自然环境之间和谐相处的文化，是关注人与自然之间关系和发展，是注重将人、教育和环境实现浑然一体的关系。这样就会产生一系列的变革，首先是人的价值观念的革命，即要把人和自然和谐发展的价值观来替换人与自然的价值观。第二，是对世界观认识的改变，也就是需要大家去尊重自然，敬畏生命，以此来代替大家以自我为中心的思想。另外，也会引发人类思维方式的革命，以整体的生态思维来代替机械的、单向的分析思维。

1. 营造生态化教师专业发展的理念支持环境

教师的专业发展要具有生态理念，离不开生态文化理念的灌输，需要社会和教育各级部门大力宣传和引导教师保持住发展的思维，去感受和领略依据生态视角发展专业的意义和价值，也能真正理解生态取向下发展的含义，把大家从仅仅认为教师是工具人或者技术人的思维中解脱，并让教师在自身的努力下建构出互利共生的教师专业发展生态圈，以此去促进教师专业发展的速度和质量。

2. 加大高校校园生态文化的社会辐射力度

现在是信息社会，知识在日新月异的变化，作为大学来说，就要逐渐走向社会的中心，由原来的精英教育走向高等教育的普及化，也要从原来的服务部门转向服务和发展都促进的部门，所以在肩负了曾经的历史使命的同时，大学要保持原来的

价值。学校走到社会的中心地位，也能成为推动和促进社会全面进步的主要机构。高等教育机构就是促进教师专业发展的机构，是需要社会各方面的支持，这样才能保持校园的生态平衡发展，以促进周边生态环境的优化来提升大学的社会影响力和辐射度。

3. 丰富教育生态环境

从生态环境角度看，高校是把教育作为中心，能对教育的产生和发展起到制约和调控作用，是一个 N 维空间和多元的生态环境组成的系统。教育作为中心能够把教育的产生和发展作为制约和调控 N 维空间而形成的多元生态环境。由此可以从以下角度和层面来看，一个是融合了外部的自然环境和社会环境以及规范环境，把教育作为中心，这样在教育领域组成了一个或多个生态系统；第二是以某个学校为例，将其作为生态系统，探讨此生态系统内部的相互关系。第三是把人作为主线，能够去研究外部存在的环境，并且是组成自然、社会和精神的各个因素，能看到教育的内在生理和心理上的环境因素。对于校园来说，生态环境既包括社会生态又包括教育生态的特征，是生物圈和智力圈的综合特征。因此，在高校的学术生态环境建设，就是能把学术、人和环境一起结合，通过对外界在能量上的交换，物质和信息上的交换来组织系统和耗散系统。大学的学术生态其实也就是把知识分子当作主体，以达到学术创新的目的而去营造的科学的系统。

所以，在大学的学术生态中，个人和集体其实都是秉承自由的学术理念，当然这个也是大学生态中核心的生态因子。对于学术自由来说，因为要求比较规范，就是教师是要求能实现学术自由的，而不是受到约束，因此这个是大学的精神所在，也是所有高校教师在专业发展的价值所在。教师在专业上是有专业精神的，在真理上不受限制，这种自由包括了教师在教学上的自由和研究的自由。所以说，由于传统科层制的影响，在原来的学术自由上，教师受到空间和发展权力的影响，这样的自由不是独立自由的学术，这样的学术失去了自由就是丧失了它的本质和使命。学术自由其实是对于高深学问来说，在理智上的要求。从教师来说，理智上应该是要自由的，包括认识层面、政治层面和道德层面。不过，在看待高深学问和社会关系上，这样的自由也会受到限制，否则这样的学术自由就和经济上的不干涉主义一样，对人类会带来不好的后果。

教育从生态化上就是强调了在一定程度上把人的主体和组织的自发性作为重点，把教育和教育环境作为网络，强调他们之间的和谐并对此进行整合。建构校园的生态文化，是把人作为根本，从道德理念上帮助师生树立正确的三观，培养成具有理想的高素质人才。

所以说，只有逐渐走进教师的丰富世界，回归到教师的内心深处，才能重视起教师对生活的体验，让教师从中感受到差异和多样性，也才能有效地开展促进教师专业发展活动。对于教师来说，可以开展以自我导向为本位的教师专业发展，这个是能丰富和加强教师的生活经验的，这不仅能为教师积极参与到教师专业发展的活动打下基础，也是为其提供了活动的内容。这其中最关键的一环就是教师能从日常的生活中看到重要的内容，由此，对于如何解释和利用好关键的时间，是应该引导教师以自我导向为宗旨。尤其是现在，教师间也存在着价值上的冲突，对于教师来说就是要参与改革并以自我导向为本位开展专业发展，丰富教师生态环境，营造良好的生态圈，并能让教师走出发展的困境。

（二）激发教师生态职业意识，找寻教师自我价值感

作为教师来说，要建立以实现教师专业发展共同体为愿景的发展目标，就是要找寻到自我价值的认同，并要实现社会、高校和教师间三位一体，即教师与教育客体之间的关系，教师能够在认知上和文化上去履行实践、创造世界，而教师也在自身的伦理上去探索自我的关系。因此可以说，教师在职业生态意识上是可以看到从教育内容上来说同客体对话的实践，也是反映出教师自身反思和与自己对话的实践，同时也就是对这两种对话的一种反思和建构，是寻求出自我价值的过程。对于教师来说，首先就是对自我的意识和对自己的反映和态度，这样才能在理念的支持下，不断积极的强化，时刻为推进教师专业发展做好思想准备，引导教师成为实践者；培养教师的对事物的反映，并且能够通过反映性对话，构建一个全新的环境，由此让教师在其中成为熟练的实践者，运用这种生态理念和态度，并将其付诸行动。

1. 营造生态化教师专业发展的理念支持氛围

教师的专业发展需要通过理念作为支持和后盾，这是社会、教育主管部门、教

育专家都要大力宣扬教师的专业发展理念，通过文化宣传让教育者和研究者还有一线教师都能从中领会到这个发展理念的内涵、意义和价值，并且能够从生态意识上关注，从而超越目前普遍存在的教育的工具理性和技术理性的思维，营造出互利共生的教师专业发展圈。

2. 找寻教师职业的真价值

教师的文化可以看作是群体的问题。成熟的教师在职业文化上应该表现出来教师的精神，包括专业精神、敬业精神和和谐的同事关系等。因此可以说，教师是应该拥有教育信念的，这个信念是营造出教师文化的根本，也是教师在教育教学行为上对于教师的发展有着积极重要的作用的。教师信念的形成，首先就是要注重理论知识的积累，并由此来提高自身的素养和水平，能在其中形成教育理论的认识和再实践，同时也要注重大家的教育实践和教育反思，从中去感受到教育理论在实际中的运用，可以通过生动的、具体的和真实的教育实践，感受到理论的真谛。其次，就是要加强教师在行为中的反思，通过反思，激发教师的情感，并能坚持和确信教师理论上的主张和认识，最后形成自己的教育理念。最后，就是对教育理念的形成，这个需要个体上的意志反映，这是个长期的过程，是要伴随着对原来的信念改变的过程，需要信心、勇气和智慧去改进。

3. 以各类培训推动教师对职业的认同

教师通过校内培训，其实就是一个有针对性的培训，这个能避免那种随意的培训导致与教学分离，因此，从教师专业成长与教师的实践结合上来看，这种培训是学校和教师共同发起和组织的，是针对教师的问题，通过校内外的资源来有效实现教师专业发展的过程。教师有充分的自主权，并且在职业生涯不同阶段要侧重不同的培训内容和形式，比如入职前是岗前培训，这个是引导教师如何做一名教师，但不是包括教师整个生涯，因此在主题选择上，学校可以根据学校文化充分挖掘和利用学校的资源发起组织和实施。这些应该满足学校和教师的共同发展，并且在培训中通过多样性的形式、广泛的内容、高质量的实效来引导教师。

根据高校教师的特长和情感特点，对高校教师进行有针对性的教育，使其能身体力行对参与学校决策的理念认同。让教师真正把自己当作学校的主人，认同学校的发展与自身的专业发展息息相关，当外部条件在不断变化时，能做出反应并对外界的策略和措施进行调整，实现目标的优化。将积极参与学校的决策行为内化为自身的行为，积极探索学校怎样运行、怎样更好地运行的规律，并通过自身的努力，与学校的发展相互影响、相互作用、相互配合。首先，以教师的认同创立学校发展的共同愿景。正如彼得·圣吉《第五项修炼》中所述，通过教师自我超越发展自身，改善心智模式，有效地表达自己的想法，并以开放的心灵容纳别人的想法。建立共同愿景而真诚地奉献和投入，而非被动地遵从，在通过团体学习和系统思考使组织欣欣向荣。因此，结合高校教师参与学校决策的意义，首先建立教师主动参与学校决策的积极性和认同理念，引导他们对学校的发展方针、规划设计、章程建制等都按照自己的实际工作提出建议，对自身职业化发展道路实现提供可行性执行策略。其次，结合情感建立教师认同价值。在观念上，要有认知和情感的认知，主观上要愿意接受，并把此发展为对情绪的体验以及自身的需要。高校教师是学校中的一员，学校通过凝聚、团结广大教师，切实反映广大教师的心声，积极为学校的改革发展献计献策，为学校各项事业的发展贡献力量。在一些决议场合，所选取的教师代表应具有广泛性、代表性、专业性和责任心，不断增强教师代表参与民主管理与民主监督的能力，让教师的知情权和发言权得到充分落实，代表所有教师的心声，从而加深教师对学校的情感而愿意为之建设努力。

（三）营造良好的校园生态氛围，激发内在驱动力

自由、平等、开放的校园生态氛围能激发教师自我成长，要求发展的内在驱动力。通过研究可以看到，美国的密歇根大学被大家称为最好的大学工作场所，这里就是致力于创造一个让全体教师都能全心全意投入工作的环境，让教师以做本大学的一员而感到骄傲。当时的美国参议院会议中就提出，要把大学发展成学习的组织，要引导组织中的所有成员共同进步，并要通过一起学习来参与各项活动，让所有进入密歇根大学的人都能获得尊重和享有权利，拥有平等的自由表达权利，在学术上要诚实，并承担尊重其他人的权利和尊严的责任，每个人都可以获得在权利案中规定的公民权利，以便能让大家感受到大学履行思想和表达自由的义务。这所大学还

信奉言论自由是学术使命的核心，鼓励大家都能在自由开放、充满活力的环境里讨论，并能相互交换思想和创造对观点提出见解的环境，在合理的批判中、在真理的探索中去交流沟通，能自由畅谈观点。

1. 营造"三位一体"的教育生态环境

要创建良好的教育环境，就是要保证高校、社会和教师组织之间能够和谐共生。第一就是能够明确学校、社会和组织的目标和任务，并能实现目标的一体化，在具体目标任务的过程中，去挖掘每个任务的层次和重点，并保证任务能统一，向一个方向发展。第二就是要充分发挥高校、社会和教师各自的特点，能最大限度发挥好社会和教师的各自特点，以最大限度发挥教育基础、教育主导和社会教育的作用，并且每个教育层次发挥的作用有所侧重，发挥其所长。比如教育组织教育范围越小，就越能够在发挥情感性上下功夫。第三是能够加强教育在三者之间的互动和联系，能够促进这三者之间的整体互动，并能实现最后的和谐共生，能够为一起实现教育的和谐奠定基础。学校在制定各种政策，做出各种决策的时候，也要充分考虑和征求师生的意见，让大家能够感觉到自己是学校的主人，从根本上去找寻到自己的归属感和责任感，从而营造出一个和谐安定团结的校园生态环境。良好的校园生态环境可以充分展现出教师和学生的人格，比如通过在教师间开展的各种讲座和竞赛等活动，能丰富教师的业余生活，提升其素养；在教学和科研的活动下，让教师真正参与其中，开展一系列的科研活动，形成智慧的外化，通过对生态环境的优化和利用，实现对生态环境最大的利用，发挥好生态的功能。

2. 构建开放的生态氛围

良好的生态氛围的营造就是要让教师能够身心愉快，激发教师内在的动力和活力，因此也是需要为教师营造好良好的生态氛围。比如能够给予教师搭建好对其发展有利的物质平台，提供教学设施和科研平台、充足的教学资料，能够给予一定的培训拨款，让教师在轻松愉快的氛围中开展学习和交流。也可以采用科研制度和学术休假制度，让教师能够在这样氛围中自由进行学术的探讨和交流，能互相沟通彼此的科研成果。还通过定期有规模的举办教学的反思和科研活动，在制度环境层面上，构筑对教师专业成长和提升素质的有利保障。通过刚性的考核制度和柔性的发展制度相结合，让教师在感到考核的约束中又能体会到适合自己发展的方式。对于教师，还可以采取激励机制，这种激励是促进教师的发展、通过建立教师间的学习制度来提升教师的重要途径，这促进教师在教师个体之间、教师和学校组织之间持续不断的开展活动，教师能根据自身的发展来制订目标和计划，通过这个来确保学习计划的执行。通过对教师精神环境和氛围的营造，教师在专业发展的价值和观念上有很好的体现，因为精神环境是隐性的和无形的环境，这对于教师来说有规范和引导作用。这个精神环境的营造，是校风和教风良好精神的体现，所以要从价值观念上和教师精神素质、敬业观和专业素养上去打造。同时也要营造好生态文化氛围，一方面是让教师充分感受到校园生态文化氛围，同时努力加强教师间的交流合作，提倡竞争与合作，通过竞争与合作去开展跨学科的交流，从而开拓教师的视野，加强彼此间交流。从另一个方面来讲，通过建构教师间多元、整体、发展和生成性的文化，引导他们进入这个生态群体中，成为其中一员，并能在教师间营造出互相尊重和信任的文化氛围。

3. 以人文关怀引导教师认知并激发内在驱动力

对政策的认知是教师能参与学校各项工作的前提。建设出和谐的校园文化就是要树立和谐发展，和谐共生的教育理念，引导教师能用发展的眼光、和谐的态度对待问题，并用和谐的方法处理矛盾。这样，在尊重差异中扩大认同，在包容中增进共识。并通过集中学习、主题调研、座谈会等各种形式，让教师在实践中交流沟通，增强教师员工的和谐向心力。作为学校领导来说，也需要在学校的工作中注意方式和方法，充分认识到教师参与大学决策的积极意义和成效，赋予学术人员更大的学术权力，所以在实际工作中要把握好重点，讲形式和内容，将继承和创新相结合，引导教师能对学校的发展建言献策。

二、以构筑生态自我促进师德境界的提升

在教师专业成长的过程中，需要教师时刻有专业发展的意识和态度，这些是能

够让教师主动参与发展的关键一环。教师具备专业意识从根本上来讲就是从教师自身发展上看，对自己发展状态、发展水平和发展具有规划意识。所以教师要时刻关注自我的发展，形成积极的自我，时刻关注自我的意向。而教师也是通过关注自我意向来定位好自己的职业角色、家庭所承担的角色和社会的角色，并能对这些角色进行定位分析，教师在充分考虑自我意向的时候，还应该保持住开放的心态，把自己放在同家人、同事、学生这些生态关系中去思考和反省，而不是单独去考虑，这样不仅能促使教师对自我有更好的了解和认知，也能引导教师以积极、良好的心态去面对学术和发展，关注建构积极的生态自我，能随时以职业自信心和自豪感，更加努力去学习。

从教师的专业发展上来看，就是要具备反思的精神和反思的意识，这对于教师来说，既是教师专业素质重要的组成部分，也是实现教师在专业发展中的重要途径。由此看来，反思是能够帮助教师规范自己的行为，知道什么该做，为什么做错，以及怎么避免能够做得更好。所以说，反思就是实现和完成教师以自我导向为本位的发展的关键环节，也是决定教师在专业发展中的质量。因此对于教师来说，教师的反思意识能够促进教师专业发展有效支撑，也是教师能够参与专业发展的保障，并且这能够实现发展的目标有效性。由此可见，对于教师来说，通过反思力的构建和提升，让教师能自觉而熟练的作为反思者投入到工作中，能够对自己的师德有所反思。在反思的效果催化下，教师会不断思考是否自己能够对教师的本职工作充分认识和是否真正满足为师者的素质，由此逐渐形成和实现有效地专业发展目标。

（一）明确高校教师角色含义，推进教师建立生态自我

作为教师自身来讲，要明确自身的角色内涵，关注教学内容的科学性和前瞻性，并能关注教学组织形式的探索性，通过对教学技巧的探究和有艺术性的关注，对教师持久发展提供动力保障，并能通过灵活多样的学习来促进自身的活力和自主力。

1. 认知自身生态角色

一直以来，大家都称教师为灵魂工程师和辛勤的园丁，把教师看作是知识的传播者。因此，可以看到大家对这个角色所赋予的期待。从生态角度看，首先是必须

把教师当作一个人，一个自然人和社会人，并且能够有自身的优缺点和喜怒哀乐。因此，生态角色的塑造就是能从生态视角来看待教师个人，让教师能对自身有明确的认知。首先，要接受自己的不完美，也正因为这样，才需要不断的成长。其次，正视自己的不完美，并能通过加强自身和环境之间的互动来进行能力交换，积极借助环境来不断更新知识，获得成长。

2. 成就独特的生态个体

通过认知和了解自己的角色和对自己的地位，教师可以通过多方面的努力来构建好生态个体，从而实现和成就生态个体。教师是需要具备生态思维的，并通过联系、整体和可持续与动态的观点来思考问题，由此明确自己在教育中承担的角色，懂得如何将这些应用于教学实践过程中，以表现出自己的价值观念和行为态度，开拓教师的视野，积极构建和谐、生态的自我。教师要积极参与发展的过程中，要保持学习的态度积极投入终身学习计划，在知识环境下，更新自己固有的知识和理念，能够将终身学习变为一种思维和生活方式。教师能处理好和解决好自己在教学实践中所遇到的问题，把这些融入学习之中，引导学生参与发展。也只有这样，也才能建构出适合教师专业发展的和谐快乐和幸福的个体，引导大家走向实现自我的目的。要注重和发扬教学的反思作用，总结反思的结果，能引导教师具备强烈的发展意识，通过对自己的实践教学不断反思，逐步形成独特的专业特长。还可以通过记录个人专业成长的经验和教训，通过观看其他教师的教学录像、教师间开展对话以及共同探讨、模拟授课以及反思日记等形式开展形式多样的反思性教学。

（二）改变道德参差不齐现状，打造全方位的职业形象

目前，很多高校都没有开展教师的职业规划设计，教师的个人发展基本靠自己在工作中不断摸索，这对他们的成长并没有积极推动作用。教师职业生涯规划要求教师从职业生涯发展的多角度全方位思考和规划，其关键是要学会定位，在了解自己的基础上知道自己发展的方向。所以设计教师职业规划可以从工作目标、生活目标、进修目标和每个不同的时间点明确自己的目标是什么着手。从学校角度来说，需要与教师在工作中依据教师的成长规律，帮助教师更为清晰、全面地认识自己的

性格、能力、兴趣和价值观。并在此过程中和教师一起分析未来发展中可供选择的发展途径，以供青年教师制定成长规划时参考。

教师对参与学校决策的认同也是其实现自我主人翁意识很重要的一环。教师通过积极主动参与学校决策并提出自己的观点和想法，是教师融入高校以此打造职业形象很重要的方面。所以要达到这个目标，必须从两个方面入手，首先是以爱校敬业为己任，提升教师体验能力。爱校是基于教师个人对学校的深厚情感，也是调节个人与学校关系的行为准则。它同教师的价值观紧密结合在一起，要求教师以振兴学校为己任，促进高校内部团结、自觉维护学校的权益。敬业是对教师职业行为准则的价值评价，要求教师忠于职守，克己奉公，服务学校和学生，充分体现教师的职业精神。作为教师，应以"校荣我荣、校兴我兴"为目标，凝聚团队精神，在本岗位上既各负其责又相互支持，形成通力合作、共同创建为学校发展目标而努力的良好精神面貌和工作氛围。以平台建设为目标，优化体验机制。在教师代表大会、党员代表大会以及教师座谈会等遵循民主管理和民主决策，实现民主依法治校。在校园里建立和谐融洽的氛围，规范校领导与教师"面对面"的定期交流制度，可通过教代会征集议题，定期组织校领导与教师代表当面交流沟通，真正落实解决问题。作为学校的管理者应定期或不定期地深入教学、科研一线调研，建立"一站式"决策咨询模式，广泛征求教师各方面的意见和建议，充分理解并妥善解决教师的合理诉求，及时将建议处理情况向教师反馈，对于优秀的建议和建议人可给予奖励，以此激发教师作为主人翁的责任感和自豪感。当然也需要社会、高校和教师明确价值观，树立目标的激励。需要不断加强教师的价值观教育，找准教师价值观教育的"切入点"，才能更好地帮助高校教师树立正确的价值观。引导教师有目标和追求，为自己的发展设立前进的目标。

第三章

高校教师的教学能力及其培养

第一节　高校教师的教学设计与教学实施能力

一、高校教师的教学设计能力

（一）教学设计的依据

教学设计并不是一项简单的工作，它需要综合考虑各方面的因素，具有一定的复杂性。要想使教学设计能够促进教学实践的顺利开展，使教学取得更好的效果，需要有一定的依据为设计提供参考。这些依据主要涉及以下几个方面。

1. 教学设计要依据现代教学的理论

在一定的教学实践基础上，总结、概括出的教学理论，体现了一定的教学规律。根据教学理论来设计教学方案，能使教学方案更具有科学性和合理性。即使有经验的教师，如果不注重教学理论知识的积累，将教学局限于经验化的处理而不适用科学的理论进行指导，最终会使教学效果出现不理想的后果。因此教师在进行教学方案设计时，要自觉地运用现代教学理论来指导教学设计，减少随意性和完全的经验主义。

2. 教学设计要体现系统科学的方式

教学设计要想获得成功，就必须综合考虑各方面的影响因素。而教学活动中的各种要素相互联系、相互影响，又会促进教学的各个因素结合起来发挥综合效力。因此，为使教学活动能够达到理想状态。在进行教学设计时，需要依据系统科学的原理和方法，分析教学系统中各要素的地位和作用．使各个因素有机地结合起来并得到最佳的组合，各种教学资源得到优化配置，从而达到理想的教学效果。

3. 教学设计要结合学生的特点

教学涉及师生双方的活动，它需要师生双方共同努力、相互合作来完成。学生是教的出发点和归宿，教学的任务和目的都是围绕着学生的发展而展开的，教师的教必须通过学生积极主动的学才能起到有效的作用，教学设计最终也应该是促进学生的发展。因此教师进行教学设计时，要考虑学生的身心发展特点和规律、情感价值基础、学习需求、兴趣等，使教学设计具有针对性，减少盲目性。

4. 教学设计要参考教学实践的实际需要

教师利用教学设计方案，可以为自身的教学行为提供最优选择，并满足教学的实际需要，这是设计最基本的依据，也是设计的根本意义所在。因此，在进行教学设计时，应该充分考虑教学实践的实际需要，使教学具备实际的价值意义。

教学设计在付诸实践的过程中，要集中体现教学的目标和任务。在对教学目标和任务进行分析后，明确教学设计的大致框架，使教学目标和教学任务具体落实到教学实践中，得以真正实现；在此基础上，综合考虑其他教学要素，以使教学设计方案在立足教学实际需要的基础上，充分发挥自身应有的作用和功能。

5. 教学设计要考虑教师自身的经验与风格

教学设计的应用主体为教师，只有得到教师的内化和吸收，才能将教学设计方案这一理论形式付诸教学实践中。同时，从一定意义上说，教学设计的过程也是教师个体创造劳动的过程。成功的教学设计方案凝聚着教师个人的教学经验和智慧，融合了教师的思想倾向和价值观念，并展现了教师的教学个性和风格。

教师的差异能导致教学课堂的多样性，教师丰富的经验、智慧和风格，是促进课堂丰富多彩、生动活泼的基本条件，是形成教学个性和教学艺术性的重要基础，是创造轻松愉悦、民主平等的教学氛围的必然要求，是培养具有创造精神和实践能力的学生的重要条件。

教学经验具有一定的主体依赖性，是教师在长期的教学实践中总结出来的带有规律性的东西。短时期内的学习或模仿，很难将这些经验内化为自身的东西，并且这些经验在教学实践中往往可以弥补理论的某些不足或可以正确、冷静地处理教学中遇到的突发问题。

教学风格彰显着教师自身独特的教学魅力，展示着教师个性化的教学思想和教学技能技巧。因此，在设计教学时，也要结合教师的教学经验和风格，使设计的教学方案灵活多变，适应教师的具体教学，推动教学活动的顺利开展。

（二）教学设计的基本模式

国际上正规的教学设计研究至少已有 50 年的历史，教学设计的模式不计其数，仅可查阅的文献就有一百余种之多。从教学设计的基本模式来看，经常被提及的有迪克和科里模式、肯普模式等。

1. 目标（系统方法）模式

目标模式的建立者是来自美国的教学设计专家迪克（Dick）和凯里（Carey）。目标模式的设计程序强调分析、设计的系统性，这基本上与系统分析模式的设计程序是一致的。不同的是，目标模式的理论基础与系统分析模式的理论基础有所区别（工程学的有关理论），它不从输入—产出的角度看待教学系统，而强调教学活动的系统设计要以教学目标为基点，以教学目标为基本目的。

目标模式的基本特点是强调教学目标的基点作用，设计过程系统性强，具体的设计步骤环环相扣，便于教师实际操作。这一模式的基本程序概括起来有以下几个方面的内容。

第一，确定教学目标。以总目标为依据，对教学的行为目标进行分析、确定，行为目标应明确规定学生学习活动的预期结果、课堂教学中的重点难点及其他特殊要求等方面的内容。

第二，分析具体教学的目标。确定教学目标后，需要对每堂课的教学目标作进一步分析，确定学生应掌握的各种知识、技能和技巧，并确定掌握某种技能技巧的过程或步骤。

第三，分析学生目前的知识基础状况。准确把握学生的现实发展水平，是教师取得教学成功的前提条件。其主要是指学生已有的知识和能力水平、学习的准备状态和一般的身心发展特点. 教师在教学设计前，都要认真分析和准确把握。

第四，将可供选择的操作目标具体罗列下来。在完成前三项工作的基础上，教学设计人员要进一步列出具体的、可供操作的目标，即分解和细化已确定的教学目标。

第五，确定测验项目的参照标准。即根据教学目标，设立测验评价的参照标准。以教学目标为标准来衡量参照标准质量，其中测验项目应与目标所陈述的行为类型有一定的联系。

第六，确定教学策略。为了使预定的目标最终得以实现，教师在实施具体教学前，必须采用合适的教学策略和方法。

第七，选择教学材料和资源。教师必须从教学的实际需要出发，合理选择和利用不可或缺的教学资源，如教学材料、学习指南、教师用书、练习材料和试卷等。

第八，进行形成性评价。教学方案的设计完成之后，还需要对其做出一系列评价，以便对设计方案进行调整和修改，使教学方案更完整、科学、可行。教学设计人员可以从学科评价、小组评价和个体评价这三类形成性评价中获得有益的反馈。

第九，对教学方案进行修正和调整。根据形成性评价所得到的资料，找出教学中存在的问题，从而修正教学方案，进一步完善教学方案。"修正教学"表示用形成性评价得到的资料重新测量教学分析的程度以及对学生初始行为的假定，并对操作目标、测验项目、教学策略等方面进行复查或修改，以获得最终的较有实效的教学方案。

2. 系统分析模式

系统分析模式的理论基础来自工程管理科学的某些原理。此模式将教学过程看作一个输入—产出（输出）的系统过程，"输入"是需要学习知识和技能的学生，"产出"是完成教育的人。该模式强调以系统分析的方法对教学系统的输入—产出过程及系统的组成因素进行全面分析、组合，使教学方案的设计获得最佳效果。

系统分析模式非常重视输入—产出过程的系统分析。在整个设计过程中，目标是其中的基础，具体规定着教学系统产出的预期结果。目标有所差异，整个系统的分析、组合和设计就会呈现另一番景象了。

为了促进系统分析设计模式的不断完善，使设计出来的教学方案更富有操作性，心理学家加涅（Gagne）和布里格斯（Briggs）提出了该模式应遵循的基本步骤，主要有以下几方面的内容：第一，对教学的现实需要进行分析、确定；第二，确定教学的一般目标和特定目标；第三，设计诊断或评估的方法；第四，形成教学策略，选择教学媒体；第五．开发、选择教学资源；第六，设计教学环境；第七，教师的充分准备；第八，进行小型实验，获得形成性评价，做出及时的调整；第九．终结性评价；第十，建立教学设计系统，并将其推广。

教学的预先设计在前七个步骤中，后三个步骤的主要目的是进行设计方案的验证、评价和修订。这一模式的基本特点是将教学设计建立在对教学过程的系统分析基础之上，综合考虑教学系统的各种构成要素，使"产出"的质量有所提高，使设计方案效果良好。

3. 过程模式

过程模式的设计者是美国新泽西州立大学学者肯普（Kempe）。这一模式与目标模式的主要区别在于它的设计步骤呈一定的循环模式，而目标模式是直线形的，设计者根据教学的实际需要，可从整个设计过程中的任何一个步骤开始，而且前后方向可以自由选择。

过程模式的设计步骤包括以下几个方面：第一，通过分析教材和大纲要求，确定教学目的和课题，主要是解决在教学中必须要解决的问题；第二，列出学生的重要特点和对学生的要求等，主要为了提高教学效率和因材施教。如学生的一般特征、能力、兴趣和需求等，要有基本的了解；第三，确定学习目标；第四，确定学习目标的主题内容，主要是将学习目标具体化和可操作化，对教学内容作进一步的分化，如列出所学的事实、概念、原理等；第五，预测学生已有的学习准备状况以及学生在学习中有可能遇到的问题，包括已有的知识经验水平和学习能力等。以便为学生的学习导向、定步，修正教学方案的内容；第六，对教学方法和教学资源进行选择，主要是确定最合适的教学方法和资源以完成教学目标；第七，提供相关的教学服务，制订教学计划；第八，对学生的学习进行评价，获得反馈信息，修正教学方案。

过程模式较为灵活、实用，根据教学情境的变化，设计人员可以有重点地进行教学设计。

总之，这些教学模式提供的仅仅是一些可以借鉴的设计思路和方法。教学过程是由诸多要素构成的复杂系统，在具体的教学实践中，设计者想要保证教学设计的高质量，还需要依据教学设计的一般原理，对各种具体因素进行综合考虑，充分发挥自身的创造性，做到理论与实际相结合，具体分析、对待和处理遇到的问题。

4. ADDIE 模式

谈到教学设计的程序，绝大多数人推崇的是 ADDIE。ADDIE（分析阶段 Analysis；设计阶段 Design；开发阶段 Development；实施阶段 Implement；评价阶段 Evaluation）模式被看成是比较经典和影响广泛的教学设计模式的标志。ADDIE 教学设计模式的五个阶段彼此相互联系、互为支持。

评价活动能揭示出其他四个环节中哪些是需要修正的地方。ADDIE 模式的每一个阶段和其他阶段都是相互联系的，通过用实线指代从分析到评价的过程流向，虚线则指代反馈的路径。

这一设计模式的逻辑关系，在操作程序上，并不一定必须按照这一规定进行，并且整个过程也不总是以严格的线性方式进行。有时候，教学设计各阶段的图示是可以用直线的、循环的或者圆形甚至线球来表征。尽管 ADDIE 是立足于有序化解决问题的模式，但这并不意味着 ADDIE 可以忽略各阶段之间的相互联系。在 ADDIE 的每一个阶段，都需要进行解决问题的活动。

第二节　高校教师的教学评价与教学反思能力

一、高校教师的教学评价能力

（一）教学评价的方法

从计划、设计到实施、总结，教学评价的每个环节都有其独特的方法。不过，教学评价常常是按照评价对象的不同而分别组织实施的。其中，教学实践中使用比较多的是学生学业成就的评价方法和教师授课质量的评价方法。

1. 学生学业成就评价方法

学生学业成就评价是教学评价中最核心、最基本的活动。为了全面而准确地评价学生的学业成就，需要确立明确的评价标准，灵活运用各种方法。

1）学科成就测验

学科成就测验俗称考试，它是最常用的判断学生学业成就的评价方法。考试又分为非标准化的教师自编测验与标准化考试两种基本类型。在教师自编测验中，教师依据具体的教学目标和内容，设计若干题目并编制成试卷，然后对学生施测。它由教师自己组织、设计和实施，实际针对学生，比较灵活，但测验的质量常受教师自身水平的限制。标准化考试一般由专门的机构或组织（如考试中心、教育行政部门等）设计、组织和统一实施，一般是严格依据科学原理并按照科学方法与程序来实施的。标准化考试一般质量较高，科学性较强，控制较严，但费用也较高，主要适用于大规模的教学评价。

考试包括前后相继的三个环节：试卷编制、施测与评分。试卷编制是寻求合理的测查学生学业成就的行为样本的过程。这涉及确定考试目的、确立评价标准、规划具体的试卷结构并具体编写题目等工作。考试题目有客观性试题和主观性试题两类。客观性试题是指那些答案客观唯一、评分标准不受评分者主观因素干扰、评价对象不能自由发挥的试题，主要以填空题、选择题、是非题、匹配题和简答题等形式呈现。主观性试题是指那些允许评价对象自由发挥、存在多种答案、评分易受评分者主观因素影响的试题，如论述题、作文题、应用题、操作题、联想题等。两类试题各有优缺点，具有互补性，需要根据考试目的把两类试题合理地加以组合。

在标准化考试中，第一个环节是将编制好的试题和试卷进行预测，以获得相关的质量指标数据，以进一步筛选试题、修订试卷，提高试题和试卷的质量。难度、区分度、信度、效度，是测验的四个基本的质量指标。所谓难度，即测验包含的试题的难易程度；所谓区分度，即测验对不同水平的考生能够区分的程度；所谓信度，即测验结果的可靠程度；所谓效度，即测验能够达到测验目的的程度。标准化考试的第二个环节是施测，即让学生在规定的时间、地点和条件下解答试题。为了提高考试的质量，施测过程中的物理环境、心理环境和组织制度应既统一又合理。考试的最后环节是评分。为了有效控制评分误差，应努力保证评分标准的统一性和明确性，提高评卷人的责任心，加强评卷的复核审议工作。

考试可以测查学生对知识、技能的掌握水平以及其他方面的发展状况，适用面大，相对来说结果比较公正，并为社会各界所认同，因而在现实中得到广泛应用。但是，对考试的作用也应辩证地认识。任何考试都不能完全真实地反映学生学业成就的整体面貌，过于迷信考试和单纯追求分数，极易导致分数主义和应试教育，遗患无穷。

2）日常考查

这是一种伴随日常教学而进行的经常检查和了解学生学习情况的评价方法。通过日常考查，可以多方面地获取学生学习的动态信息，为师生提供及时反馈。

日常考查的具体形式主要有：①口头提问或让学生板演。口头提问或板演能反映学生当堂学习的情况，帮助教师了解学生对具体知识、技能的掌握程度。教师对学生回答或板演情况应给予口头评价。②批改作业。通过批改学生的书面作业，教师可以了解学生理解与运用知识的质量，发现教学的漏洞与不足，也可以了解学生有关的能力水平，从而为改进教学提供信息。③小测验。即在课堂教学中进行的小型考试，多在课题或单元教学结束之后进行。通过小测验，可以用较短的时间了解到一段时间以来全体学生的学习情况。为了有效发挥小测验的作用，应适当控制测验频率，加强考后评析。

3）专门调查与心理测量

为了全面评价学生的学习态度、方法、习惯和能力等，还需开展专门调查和心理测量。

调查法一般用问卷或座谈的形式进行。问卷是一种用预先精心设计的问题让学生回答以获得所需信息的方法。问卷和考试的区别是，考试要求学生运用所学知识求解问题的正确答案，而问卷要求学生实事求是地陈述自己的感受或观点。问卷设计应简单、明了，尽可能不带倾向性和暗示，以免造成结论失真。座谈是一种召集学生就有关问题进行专门交谈而获取所需信息的方法。座谈要精心准备，预先计划好交谈的问题，谈话过程中应注意交谈的目的性，把握住话题并记录要点。

借助于专门的心理量表来测量学生的有关心理发展状况，是学生学业成就评价的重要途径。例如，为了评价教学活动对学生创造力发展的作用，可以在教学之前和教学之后运用专门的创造力测验量表来加以了解；学生智力、人格、态度等方面的发展水平，也可以用相应的专门量表来测定。一般来说，专门的心理量表具有稳定的常模（评价标准）、固定的施测程序和系统的资料分析方法，因而科学性较强。为了保证测量的质量，应由经过专门训练的测验人员来主持测验，严格遵循测验程序的要求和有关测验规范，防止滥用和误用测验。此外，应慎重看待专门心理测量工具的作用以及得到的结果，不应迷信和夸大。

2. 教师授课质量的评价方法

对教师授课情况进行科学评价，从而获得教学情况的有效信息反馈，是提高教学质量和教师教学水平的重要途径。在实践中，学校大都从教学目标、教学过程、教学效果等基本维度来评价教师授课质量。教师授课质量的评价，首先是看教学目标。高质量的教学在目标方面应符合内容具体、表述清晰、定位准确、便于操作等条件。其次是评价教学过程。这涉及许多具体方面，如教学内容、教学方法、教学组织形式、板书、作业质量、教学语言、师生情感、课堂气氛、教学艺术、教学风格、教育思想等。评价教学过程的基本标准是教学过程的科学性、艺术性和教育性。最后，教师授课质量的高低要从教学效果角度来评价。教学效果的评价，主要是看教学目标是否达到，学生在知识、技能及能力、品德等方面有无实际进步。此外，效益问题也是效果评价的重要方面，即应计算教学消耗与教学收益的关系。评价教学效果的基本标准是质量高、效益好。总之，从目标、过程、效果三个相互关联的方面来评价教师授课质量，比较全面地反映了教师教学的整体状况，也比较简单明确，具有通用性。因而，可以把"目标—过程—效果"三维评价标准作为教师授课质量评价的一般指标。

评价教师授课质量的方法多种多样，在教学实践中比较常用的有综合量表评价法、分析法、调查法等。

1）综合量表评价法

这是一种比较精细的数量化的教师授课质量评价方法。运用的基本程序是：①编制专门的教师教学评价表。评价表的设计，主要涉及确定评价指标（项目）、确定各项指标的权重和确定各项指标评分或评等的标准等。②听课。评价主体以随堂听课为基础．在教师教学评价表上对教师授课质量进行评定。听完课后，评价人员依据自己对评分（评等）标准的理解，独立地在教师教学评价表的每个项目上，给予评价对象一定等级或分数。③数据处理。汇总所有的教师教学评价表，运用一定的统计方法对所得数据进行分析处理，得出每个评价对象的总得分或等级。综合量表评价法在实践中的应用有简有繁，取决于量表本身的精细程度、评价人员的多少以及对统计方法的选择。

综合量表评价法是评价教师授课质量的有效方法，在实践中应用广泛。其优点是：注重对教学活动的具体分解，评价指标比较具体；注重量化处理，结果比较准确；注重标准的一致性，评价人员主观因素干扰相对较少。不足和困难是：项目和权重的确定很难保证根据充分合理；评价人员对标准的理解仍受个人经验或价值观的影响，难以做到真正客观。

2）分析法

这是一种通过对教师教学工作的有关方面进行定性分析进而评判其质量优劣的评价方法。分析法一般没有专门的评价指标和评等标准，主要取决于评价人员的学识和经验，评价结果以定性描述为主。

分析法既可用于他评，也可用于自评。学校领导或同行在观摩教师的教学活动后，凭着自己对教学目标、教学原理和教学思想的理解以及有关经验积累，分析教师教学的优点和缺失，这是常见的分析法的具体应用方式。教师在教学后对自己的教学工作进行分析，寻找教学的成功之处和薄弱环节，就是自评（自我分析）。教师日积月累的自我分析，对改进教学工作大有裨益。

分析法有简便易行、能突出主要问题或主要特征的优点。它的局限性是标准不够明确，受主观因素影响较大，规范性较差。因而，分析法主要适用于日常以改进教学工作为直接目的的教师授课质量评价，不宜用于规范的以评定等级为主要目的的管理性评价。

3）调查法

教师授课质量评价的调查法，主要有问卷与座谈两种方式。问卷法的程序是：设计专门的调查问卷，向相关人员（如所教班级的学生、有关教师等）发放问卷进行调查，收集处理问卷上的有关信息和数据，最后对教师授课质量做出定性、定量或综合性的评价。座谈法的基本做法是：召集有关教师和学生举行专门会议，询问某教师的教学情况，了解他们对该教师教学质量的意见，最后对教师授课质量做出评价。

调查法兼有综合量表评价法与分析法的有关要素，适合于专门了解某个教师较长时间内的教学情况，多在专门鉴定某教师的综合教学水平的管理性评价中运用。当然，教师也可以通过调查法来了解学生对自己教学的意见，以帮助改进教学工作。

（二）基于新课程下的发展性教学评价

1. 发展性学生评价

1）发展性学生评价的基本特点

所谓发展性学生评价，是指以促进学生的全面发展为根本目的的学生评价理念和评价体系。这一评价理念和评价体系具有以下突出的特点。

（1）发展性学生评价应注重学生发展的独特性

心理学和社会学的研究表明，每个学生都有不同于他人的先天素质和生活环境，都有自己的爱好、长处和不足。学生的差异不仅表现在学业成绩的差异上，还表现在生理特点、心理特征、动机兴趣、爱好特长等各个方面。这使得每一个学生的发展目标以及发展速度和轨迹呈现出一定的独特性。发展性评价正是强调要关注学生的个别差异，建立"因材施评"的评价体系。具体地说，就是要关注和理解学生个体发展的需要，尊重和认可学生个性化的价值取向，依据学生的不同背景和特点，运用不同的评价方式，正确判断每个学生的不同发展潜能，为每个学生制订个性化的发展目标和评价标准并提出适合其发展的具体建议。

（2）发展性学生评价应关注学生发展的全面性。

知识与技能、过程与方法、情感态度与价值观等各个方面都是发展性学生评价的内容，并且受到同等的重视。比如，在地理课程标准中规定，在评价学生参与地理探索性活动的程度和水平时，评价的重点不在于检查学生记忆的准确性和使用技能的熟练程度，而在于学生实地考察与观测、调查、实验、讨论、解决问题等活动的质量，学生在活动中表现出来的兴趣、好奇心、投入程度、合作态度、意志、毅力和探索精神，学生在地理学习中所形成的热爱祖国的情感和行为、关心和爱护人类的意识和行为、对社会和自然的责任感，以及学生对地理学习与现实生活的密切联系和地理学的应用价值的深刻体会。

（3）发展性学生评价应倡导评价方式的多元化。

要改变单纯通过书面测验和考试检查学生对知识、技能掌握的情况，倡导运用多种评价方式、评价手段和评价工具综合评价学生在情感、态度、价值观、创新意识和实践能力等方面的进步与变化。这意味着，评价学生将不再只有一把"尺子"而是多把"尺子"。实践证明，多一把"尺子"就多一批好学生。只有实现评价方式的多元化，才能使每个学生都有机会成为优秀者，才能促进学生综合素质的全面发展。

（4）发展性学生评价应发挥学生本人的主动性。

传统的教学评价，片面强调和追求学业成绩的精确化和客观化，忽视了学生的主体性和主动性，往往使学生的自评变得无足轻重。发展性学生评价试图改变过去学生一味被动接受评判的状况，以发挥学生在评价中的主动性。具体来说，在制订评价内容和评价标准时，教师应更多地听取学生的意见；在评价资料的收集中，学生应发挥更积极的作用；在得出评价结论时，教师也应鼓励学生积极开展自评和互评，通过"协商"达成评价结论；在反馈评价信息时，教师更要与学生密切合作，共同制订改进措施，以保证改进措施的真正落实。总之，通过学生对评价过程的全面参与，使评价过程成为促进学生反思、加强评价与教学相结合的过程，成为学生自我认识、自我评价、自我激励、自我调整等自我教育能力不断提高的过程，成为学生与人合作的意识和技能不断增强的过程。

2）实施发展性学生评价的基本程序

为保证评价工作科学、有序地进行，需要建立和遵循一定的实施程序。一般而言，实施发展性学生评价工作应按照以下四个工作环节来进行。

（1）明确评价内容，并用清楚、简练、可测量的目标术语表述出来。

明确对学生学习的评价内容是实施评价工作的第一步。评价内容是通过评价目标体系体现出来的。一般来说，促进学生全面发展的评价目标体系主要包括学科课堂学习目标和一般性课堂发展目标两个方面。下面重点讲述课堂学习评价目标的编写，避免因过于笼统、空泛而削弱评价的可操作性，造成评价结论的不一致性。

评价指标应用具体、清楚、简练、可测量的目标术语表述出来。在这方面，国外有一个 ABCD 目标编写模式值得我们借鉴，其基本要求有：第一，应明确学习主体是谁，即教学的对象；第二，应说明通过学习后，学生应能做什么，即外显的行为；第三，应说明上述行为是在什么条件下产生的，即产生的条件；第四，应规定评定上述行为是否合格的最低衡量依据，即评价的标准。

需要说明的是：在 ABCD 模式中，行为的表述是基本部分，不可省略。相对而言，对象、条件和标准是三个可选择的部分。在具体的课堂教学中，由于学习主体是明确的，因此可省略对象部分。同样，在具体的课堂教学中，条件和标准有时也可省略（若不提条件，则该条件是师生都不言而喻的条件；不提标准，一般即认为要求学生达到 100% 的正确率）。此外，利用 ABCD 模式编写的评价目标是基于行为主义观点编写的，通常称为行为目标。行为目标虽有优越性，但它只强调了外在的行为结果而未注意内在的心理过程。而要体现情感态度和学习策略等学生内在的变化有时需要用内外结合的表述方法来编写有关的评价目标。

（2）选择评价方式，设计评价工具。

有了评价标准以后，还需要选择评价方式，设计评价工具，这是在评价的设计准备阶段应做的重要工作。发展性学生评价除了使用纸笔以外，更为强调使用质性评价方式，如观察法、访谈法、情境测验法、行为描述法、成长记录袋评价法等。究竟选用哪一种方式，要根据评价内容和评价对象的特点来确定。

评价工具是收集评价资料的直接依据和手段。一般来看，中小学用得最多的评价工具通常是评价表。教师在设计制作评价表时应注意以下几点：①评价表的形式既可以是评价表格，也可以是评价项目清单；②不仅要有反映学生学业成绩的评价表，而且要有反映学生学习过程和学习态度的评价表；③评价表的设计要体现"以质性评价为主"的评价理念；④评价表的设计要考虑评价主体多元化的需要，使学生的自我评价、教师的评价和家长的评价都能体现出来。来自不同评价主体的评价既可以设计在一张评价表上，也可以用不同的评价表分开设计。

（3）收集和分析反映学生学习过程和结果的资料和数据。

反映学生学习和发展状况的资料数据是评价学生的客观事实依据，评价资料的有效性是保证达成恰当的评价结论的基础。为保证评价数据的全面性、真实性和有效性，评价实施者在收集学生评价资料数据时，要注意以下几个方面：①坚持多渠道收集资料；②评价任务必须与评价目标高度一致；③带有评语的原始资料比单纯的分数或等级更重要；④收集的资料不仅要涵盖学生发展的优势领域，也应涵盖被认为是学生发展不足的领域。评价资料收集上来以后，需要对收集到的数据进行分析，形成一个对学生学习情况的分析报告，客观地描述学生当前的学习情况。在分析评价资料时，要注意以下几个方面：①要鼓励被评价者参与讨论；②应对来自各种测评手段的数据进行综合性的分析；③应尽可能进行纵向和横向的比较分析；④评价结果的呈现方式应是量化表述与质性表述的有机结合。

（4）明确促进学生发展的改进要点，并制订改进计划。

发展性学生评价的根本目的是要促进改进并促进发展。因此，只得出一个客观描述学生学习情况的分析报告是不够的，还需要在此基础上提出改进要点，制订改进计划。制订改进计划时要注意以下几个方面：①改进要点应用清楚、简练、可测量的目标术语表述出来，明确、具体地描述我们期望看到的学生通过改进以后达到目标时的行为表现；②改进计划还应关注个体差异和不同背景，提出有针对性的、有个体化特征的改进要点；③要讲究评价结果和改进计划的反馈方式和策略，使评价真正发挥激励和促进的作用。评价反馈的策略主要有：给予反馈与不给予反馈、单独反馈与公开反馈、全部反馈与不完全反馈、群体反馈与个体反馈、正面结果反馈与负面结果反馈等。

2. 发展性教师评价

教师评价与教师的专业成长等有着密切的联系，教师评价的公正与否在很大程度上影响着教师参与新课程改革的热情。因此，实施有利于教师专业成长的发展性教师评价是新一轮课程改革所倡导的。

1）发展性教师评价的基本理念

（1）主张评价以促进教师的专业成长为目的。

发展性教师评价是一种面向未来的评价。发展性教师评价认为，教师工作是一种专门职业，每位教师都需要不断地对自己的教育教学进行反思、总结与改进，每位教师都有在教育教学的过程中不断发展的内在需求和可能性，而评价则是教师获得专业成长的重要促进力量。

（2）强调教师在评价中的主体地位、民主参与和自我反思。

发展性教师评价是一种积极主动的评价。发展性教师评价认为，与外在的评价者相比，教师最了解自己，最清楚自己的工作背景和工作对象．最知道自己工作中的优势和困难。因此，对教师的评价必须充分发挥教师本人的作用，突出教师在整个评价过程中的主体地位——不仅把被评教师看作评价的对象（但不是被动的客体），也看作评价活动的积极参与者，评价者应与被评教师建立平等的合作伙伴关系，鼓励教师民主参与、自我评价与自我反思。

（3）重视教师的个体差异。

发展性教师评价是一种有差异的评价。教师在人格、职业素养、教育教学风格、师生交往类型和工作背景等方面存在很大差异。发展性教师评价主张评价应尊重教师的个体差异，并根据此差异确立个体化的评价标准、评价重点及相应的评价方式，明确地有针对性地提出每位教师的改进建议、专业化发展目标和进修需求等。这样才能充分挖掘教师的潜能，发挥教师的特长，更好地促进教师的专业成长和主动创新。

（4）主张评价主体多元化．多渠道为教师提供反馈信息。

发展性教师评价是一种多元的评价。发展性教师评价认为，为了使评价能更有效地促进教师的专业成长，不仅学校领导是发展性教师评价的主体，如前所述，被评教师本人也是主体。此外，发展性教师评价也强调让同事、学生及家长等人员共同参与评价，使被评教师能从多渠道获得反馈信息，更好地反思和改进自己的教育教学工作。

2）发展性教师评价的实施步骤

发展性教师评价的实施一般包括初次面谈、收集信息、评价面谈和复查面谈等四个主要阶段。

（1）初次面谈。

评价者与被评教师的初次面谈是发展性教师评价的初始阶段。一般说来，初次面谈主要解决如下问题和议程：①进一步明确发展性教师评价的目的旨在改进教师的教学实践，促进教师个人未来的专业成长与发展；②进一步明确发展性教师评价的整个过程和步骤，使评价双方做到心中有数；③确定评价的重点，探讨评价信息和数据收集的种类、渠道、方式和步骤，确定征求意见的人选；④为整个评价工作确定时间表。

（2）收集信息。

收集信息是发展性教师评价的关键阶段。在实施发展性教师评价的过程中，评价者必须大量掌握有关被评教师的信息，只有大量掌握准确可靠的信息，发展性教师评价才有坚实的基础，被评教师才会对评价的结果心服口服。收集信息的类型、渠道和方式要多种多样。从类型上来说，信息包括口头信息和书面信息两种；从渠道和方法上来说，课堂听课、教师自我评价、广泛征求第三方意见和查阅资料等都是获得信息的途径。

（3）评价面谈。

信息收集完毕以后，进入评价面谈阶段．这是发展性教师评价的核心部分。评价面谈阶段的主要工作有：①总结被评教师的工作，探讨其优点和成就，发现存在的问题和不足之处，寻求解决问题和克服不足的方法；②商定被评教师的未来发展目标；③确定被评教师的进修需求；④撰写评价报告。

（4）复查面谈。

在实现个人发展目标的过程中，被评教师需要继续得到评价者及他人的关心，需要在资源、精神等方面获得必要的帮助和支持。而且，评价双方应定期举行中期复查，反省既定目标的适切性及达成度，必要时可调整或修订目标。如果目标达成，一轮完整的发展性教师评价工作结束，进而又在新的基础上开始新一轮的发展性教师评价。

二、高校教师的教学反思能力

（一）教学反思的类型

1. 依据教学反思的性质

美国教育学者瓦利（Valli）根据教学反思性质的不同，将其划分为五种不同的类型。

1）技术性反思

这里所指的"技术性反思"具有两层含义：一是与反思的内容有关，只关注教学技术或技能这一狭小的领域；二是与反思的质量有关，注重有关教学成果的直接应用。

2）行动中对行动的反思

这一术语来自20世纪80年代美国"反思性教学"思想的重要倡导人——美国马萨诸塞技术学院的唐纳德·舍恩（Donald Schon）教授。

"行动中对行动的反思"包含了两层意思：一是"对行动的反思"；二是"在行动中反思"。前者指教师在自己的教学完成之后，对已发生过的教学行为进行回溯性的思考；后者则与在教学过程中发生的直觉的、即兴的决策有关。

3）深思熟虑的反思

"深思熟虑的反思"强调以多样化的知识资源作为教师决策的基础，这些资源包括研究、经验、其他教师的建议、个人的信念和价值观等。在这些资源中，并没有哪一种占主导地位，各种意见和观点都可以被加以考虑。教师就是要在各种观点，甚至是相互冲突的建议中，尽可能地做出最好的决策。

4）个性化的反思

这类反思在内容上指向个人的发展，与教师个人生活和职业生活有关。在这类反思中，教师学习者要思考自己究竟要成为哪种类型的教师。他们不仅要对自己的生活进行思考，而且还要对自己的学生进行思考，但所关心的并不只限于学生成绩方面，而是对学生生活的各个方面，包括对学生的个人愿望、兴趣爱好等都予以关注。

5）批判的反思

这一模式来自哈贝马斯（Habermas）等的哲学，哈贝马斯认为，"批判"具有消除卑劣并能创造人类自由和幸福所需的社会条件的潜质，因而将"批判"作为反思的最高形式。批判性反思的目标不在于理解，而是要努力提高处境不利群体的生活质量。它不仅强调质疑和批判，而且还强调社会行动。这种类型的教师教育强调，教育决策不可避免地要以一定的善恶标准为基础。

2. 依据教学时间

我国学者通常按教学时间或教学进程来划分教学反思的类型。

1）"课后思"

一堂课下来就总结思考，写好课后心得、课堂随笔或教学日记，"课后思"对新教师显得更加重要。

2）"周后思"或"单元思"

一周课下来或一个单元讲完后反思，摸着石头过河，发现问题及时矫正。

3）"月后思"

对于自己一个月的教学活动进行梳理和总结。

4）"期中思"

通过期中考试，召开学生座谈会，听取家长意见，进行完整的阶段性反思；也可以以一个学期为单位进行"学期思"，甚至一个学年或三年一届教学的宏观反思。

3. 依据教学进程

在以往的教学经验中，教师大多关注教学后的反思，忽视或不做教学前的反思。

其实教师在教学前对自己的教学设计和教案进行反思，是教师对自己教学设计的"再次查漏补缺、吸收和内化的过程"。

教学前反思的内容包含反思确定内容、阶段及具体实施方法对学生的需要和满足这些需要的具体目标，以及达到这些目标所需要的动机、教学模式和教学策略，还要对本学科、本册教材、本单元、本课时写出教学计划。同时列出反思的关键项目，例如：第一，要教给学生哪些关键概念、结论和事实；第二，教学重点、难点的确定是否准确；第三，教学内容的深度和范围对学生是否适度；第四，设计的活动哪些有助于达到教学目标。

（二）教学反思的策略

1. 反思日志

反思日志是教师对自己教学活动中具有教育价值的各种经验以及在此基础上所进行的批判性的理解和认识予以真实性的书面记录和描写，是实现自我监控最直接、最简易的方式。通过撰写反思日志，详细回顾并记下自己的教学全程，就教学中的灵感或闪光点、教学中学生的感受、教学中的改革与创新、教学理念的先进性、教学目标的达成度、教学策略的有效性、教学内容的准确性、教学设计的科学性、师生情感的默契性等方面进行全方位反思。写反思日志可以使教师较为系统地回顾和分析自己的教育教学观念和行为，发现其中存在的问题，可以提出相关的研究方案，并为更新观念、改进教育教学实践指明努力的方向。

反思日志的形式不拘一格，常见的有：点评式、提纲式、专项式和随笔式。教师可依个人的习惯、爱好选择相应的方式撰写日志，也可结合实际，创造其他的形式。

随着教师信息素养的提高和网络的普及，教师个人博客和学校博客群迅速建立起来，博客成为教师个人反思、教师之间研讨、师生交流、家校沟通的阵地，有力地促进了教师的成长和发展。

2. 课堂录像、录音

如果仅对教学进行观察，是很难捕捉到课堂教学的每一个细节的。随着信息技术的发展，现在越来越多的学校使用数码摄像机进行课堂实录。用摄像机把自己的教学过程录制下来，课后重播，围绕教学理念、教学目标、教学策略、教学设计、教学手段等进行自我反思。教师可自行浏览自己或其他教师的教学录像，在播放中找出一些自己觉得特别的画面，将其静止，反省为何会这样讲授某些知识点，是否妥当，下次应如何改进等内容。还可以在观察了全部教学流程后，思考如果自己重新设计这一课会怎样设计，再对照教学录像对教学过程、教学设计中存在的问题进行深入的分析和思考。

课堂录音也比较简捷、实用，在教学中特别是语言教学中，教师可以通过课堂录音分析自己或者学生的有关语音、语法、用词等诸多语言现象，也可以对自己教学的某一方面进行细致的研究。

教师通过对所收集数据系统地、客观地、理性地反思，分析行为或现象的形成原因，探索合理的对应策略，从而使自己的教学更加有效。

3. 同行观摩、协作与交流

同事作为教师反思自身教学的一面镜子，可以反映出日常教学的影像，这些影像虽为自己所熟悉，但有时也会因其而大吃一惊。

开放自己的课堂，邀请其他教师听课、评课、听自己说课。课后，教师和专家、同事一起评课，特别是边看自己的教学录像边评，更能看出自己在教学中的长短之处。

观摩其他教师的课堂。他山之石，可以攻玉。教师可多听课，既听专家型教师的课，也听其他非专家型教师的课程，这样可以更好地发现自己所熟悉的教育教学活动中存在的问题，将讲课者处理问题的方式与自己的处理方式相对照，以发现其中的差别。因此，观摩各级各类公开课、研究课、优质课，通过学习比较，找出理念上的差距，解析手段、方法上的差异，从而提升自己，促进发展。

此外，每个教师在教学中都可能面临着相同的困境和问题，教师们聚集在一起，针对课堂上发生的问题，各抒己见，共同讨论解决办法，从交流探讨中反思教学的得失，得出最佳方案为大家所用，达到共同提高的目的。这样，通过同行之间的对话、讨论，可以深入探索，扩展教师的知识，促使教师更有效地进行思考，使教师把实践经验上升为理论。

4. 听取学生的意见，进行信息研究

从学生的眼中来看自己，可以使教师更好地认识和分析自己的教学。教师在教学中不断提取学生意见的时候，可以对自己的教学有更新的认识。它可能会使教师因学生正按自己的期望不断进步而信心倍增，也可能会因学生与教师的期望背道而驰而大惑不解。

教师征求学生的意见，遇到的最大障碍莫过于学生不愿意说出自己的想法。解决这一问题可从下面几方面入手：可以采取匿名征求意见的方法；努力创造一种平等的、相互尊重和信任的师生关系和课堂氛围，从而使学生产生安全感；还可以采用课堂调查表的方法。

另外，还可以从学生的作业、测验等教学反馈中反思教学过程，想一想为什么某个问题、某个知识点学生普遍掌握得很好或者很不好，认真回想教学设计、实施过程中的每个环节，往往会有"顿悟"的感觉。

5. 专家观摩

不定期地邀请专家（如理论专家、特级教师、学科带头人、名师、教研室教研员等）光临自己的课堂，课后认真、充分地与他们对话并积极感悟。

第三节　高校教师的教育技术应用能力

一、现代信息技术与课程整合概述

（一）信息技术与课程整合的内容

信息技术与课程整合的具体内容主要包括课程内容的整合、信息技术与传统教学活动和媒体的整合、学习方式和教学过程的整合等。

1. 课程内容的整合

在课程内容标准中，需要明确规定信息技术与各门课程之间的整合点。英国的课程内容标准在这一点上值得借鉴。信息技术与课程整合，导致课程内容发生变化。在从事整合实践时，不能只考虑如何采用信息技术，实现现有课程的目标和内容，还要考虑信息技术可能给课程内容带来的变化。例如，在统计图表制作方面，要考虑如何让学生学会使用 Excel 生成图表，并根据数据特点和交流意图选择图表、分析图表。教育资源网站、专题网站，都可以成为学生课外学习的资源和内容。

2. 信息技术与传统教学活动、媒体的整合

基于信息技术的教学活动必须与传统教学活动相结合，是否使用信息技术，要根据学习目标和意图而定。同时，信息技术需要与其他教学传媒相整合。每一种媒体都有自己的优越性，但是没有一种媒体能解决一切教育难题，计算机也不例外。媒体的使用不会自动促进学习，使用媒体的方法在很大程度上决定了学习效果。一种媒体的潜力与充分利用这种潜力的方法，共同影响了学生表征和处理信息的方法。

3. 学习方式和教学过程的整合

学习方式和教学过程的整合是人们最为关心的一个方面。学习方式是课程的基本要素之一，信息技术与课程的整合不仅仅是课程内容方面的整合，还必须包括学习方式的整合。教学者要利用信息技术的潜力来整体设计新型的学习方式，同时还要把信息技术融合到教学的全过程，对课程教学起到支撑作用。例如，利用信息技术进行基于问题的学习、情境性探究学习、网上主题研究学习、远程协作学习等，使信息技术在教学中起到其他手段不能替代的作用。

（二）信息技术与课程整合常用方法

1. 直观演示方法

直观演示方法是指利用实物、图片、多媒体课件等教具，将教学内容直观地呈

现在学生面前，让学生通过外部多种刺激感知学习内容，充分调动多种感官，感知事物、领悟概念、掌握原理的方法。

直观演示方法有效地应用了教学的直观性原则，在学习抽象概念、复杂的设备原理、动作步骤等难以用言语表达清楚的知识内容时，可起到事半功倍的效果。如学习物理内燃机时，教师借助 Flash 动画演示它的四个冲程，可让学生快速掌握内燃机的工作原理。直观演示方法也是目前信息技术与课程整合中运用最广泛的一种方法。

2. 知识点切入方法

信息技术与课程整合，应以学科知识点为切入点来进行。在各门学科的教学过程中，信息技术可切入的知识点很多，教师应充分利用可切入的知识点，围绕知识点的揭示、阐述、展开、归纳、总结等环节，运用现代信息技术媒体进行有效的教学，有效地开展课程整合。学校应建立各门学科的信息技术媒体资源库，并对所有的资源建立详细的目录，保证所有师生都能方便查找和利用这些资源，并在教学过程中发挥其特有的功效。

3. 思维训练方法

思维训练方法是指利用信息技术训练、提升学生思维能力的方法。训练、提升学生的思维能力是任何学科教学都要完成的教学目标之一。信息技术与课程整合，可以激发学生思考的热情，给学生思考的机会，有助于教师对学生思维的敏捷性、灵活性、深刻性和独创性等一般品质的训练，还有助于对学生思维的创造性，如思维的发散性、求异性、逆向性等进行有效的培养。

当前，许多教学软件都可以在思维训练方面提供良好的支持。通过多媒体技术从不同角度提出问题，引导学生用不同方法解决问题，发展学生的发散思维。可以设置各个参数的动态变化，引导学生通过总结、分析，从而掌握事物发展变化的规律。还可以模拟事物变化的过程或展示自然界中的现象，引导学生学会观察、提出猜想、进行探索、合理论证、发现规律。

4. 多种感官参与学习方法

在教学中，通过信息技术与课程整合，力求为学生提供多种感官参与学习的氛围，让学生充分动眼、动耳、动脑、动手、动口，并通过动手实验、操作学具，边想、边做、边练来感知事物、领悟概念、掌握原理。多种感官参与学习，能大大提高学生的感知效果，并使学生由被动学习变为主动学习。

5. 自主探究学习方法

自主探究学习方法是指利用信息技术为学习者创设环境，让学习者较少依赖教师或他人，充分发挥自身的主观能动性，独立进行学习活动，进而达成教学目标的方法。

该方法主要培养学生分析信息、加工信息的能力，强调学生在对大量信息进行快速提取的过程中，对信息进行重整、加工和再应用。最后，师生一起进行学习评价、反馈。教师在学生学习的过程中，提供基本框架、总目标、指导和建议，起到组织者和促进者的作用。

6. 强化训练方法

强化训练方法是指利用计算机软件或网站呈现练习内容，学习者通过反复练习并获得及时反馈、强化，进而掌握学习内容的方法。

尽管当前教育界比较推崇建构主义，但在具体的教学实践中，行为主义所倡导的强化训练仍有特定的意义。对那些需要通过反复强化才能掌握的教学内容，如单词的记忆、听力的提升等，是非常适合运用强化训练方法的。目前一些多媒体课件的设计专门支持这种方法，如帮助记忆英语单词的《轻轻松松背单词》，强化数学运算的《四则运算》等。

7. 协作学习方法

协作学习方法是指以协作学习理论为基础，把学习置于复杂的、有意义的问题情境中，充分利用信息技术在通信交流上的优势，使学习者通过合作共同解决问题的方法。

协作学习方法对促进学习者开展各种高级认知活动，提高学习者处理和解决现实问题的能力有着明显的作用。借助于信息技术，协作式学习能够更好地开展。众所周知，信息技术具有交流便捷、跨越时空、资源丰富等特点。参与者借助信息技术可以开展跨时空的协同合作，共同解决问题；同时网络中海量的信息为问题解决提供了丰富的可参考的资料。在课程整合时，针对那些比较复杂的或者跨学科、跨领域的问题，经教师合理地设计，让学生在信息化的环境中去协同完成，这不仅能达成学科的知识目标，还能锻炼学生解决问题的能力和与人合作的能力。

8. 情境激励方法

学科教学的成功与否，很大程度上取决于学生对本门学科的兴趣，首先就要解决学生想学、爱学的问题。情境激励方法，就是通过信息技术与课程整合、创设教学情境，开展课堂智力激励，要求学生面对问题情境积极设想解决问题的各种可能性。同时通过增进师生的情感交流等有效手段，引发学习动机，使学生积极主动参与新知识的学习，极大地激发学生探索和发现的热情。

9. 寓教于乐方法

在学科教学中，利用计算机教学游戏软件，把科学性、趣味性、教育性集为一体，能够激发学生的学习兴趣，寓教于乐，由此锻炼学生的反应速度、决策能力和操作能力，使学生在愉悦的情境下，以丰富的想象、牢固的记忆、灵活的思维获得学习的成功。此外，利用多媒体技术，开展艺术欣赏、制作比赛、学生作品展示等活动，也能激发学生的学习热情，有助于掌握知识、发展能力、培养创新意识、提高创新能力。

10. 创设虚拟环境方法

创设虚拟环境方法是指利用多媒体技术、网络技术、计算机技术，为学生创设一个充分发挥自己想象力或可动手模拟实验操作的虚拟环境，进而激发学生学习热情、提升实践能力的方法。

有些学科的实践内容，由于受到种种条件的限制，不可能让学生亲临其境。通过信息技术，可以给学生呈现出一个真实的或者虚拟的学习环境，让学习者真正在其中体验，学会在环境中主动、积极地建构自己的学习经验。如在语文古诗教学或散文教学中，借助图片、音乐、视频、动画等多媒体元素营造逼真的学习氛围，让学生去体验、感受内容之魅力。另外，还可以演示某些实验现象，向学生展示教学实践的过程和方法，帮助学生理解所学的知识。同时模拟动态的变化过程，通过模拟实践使学生尽快把握实践要领和具体操作方法，并通过学生的模拟操作，尽快掌握操作要领。

二、高校教师对教育技术的应用

（一）网络教学

1. 网络教学的主要形式

比起传统教学的集体授课形式，网络教学具有很大的灵活性，它不要求教师和学生都同时在同一地点进行教学，在不同的时间、不同的地点，只要具备了网络教学的条件，都可以实施网络教学。一般而言，网络教学主要有以下教学形式。

1）网上集体教学

在网络教学中也会采用集体授课的形式，主要是针对重点和难点知识的学习，这时进行集体教学是很有必要的。这种形式运用了网络中的一点对多点的广播功能，利用网络直播教师的教学活动对学生进行网上集体授课。

2）个别化学习

这是网络教学中最主要的形式。学生通过教师在网上提供的课件、教学视频和学习资料进行自主的个别化学习。学生可以根据自己的具体情况有选择、有重点地进行学习，这种方式能有效地实现学生个性的发展，把学习的主动权和控制权交还给学生。

3）混合教学

这种教学通过网络和面对面的混合形式来开展，有相当一部分的课程内容通过网络进行传输，将在线讨论与面对面讨论相结合。

2. 网络课程的教学设计

"教育"是一个复杂的、动态的系统。它是由教育目的、教育内容、教育媒体、教学方法、教学设施及教师、学生、管理人员等诸多因素组成的一个有机整体。只有用系统科学的观念与方法，对教育的各个部分进行整体考虑，对教与学的过程进行整体设计，才能实现教学的最优化。教学设计是应用系统方法分析和研究教学问题，确定解决教学问题的教学策略、教学方法和教学步骤，并对教学结果做出评价的一种计划过程与操作程序。

教学设计是应用系统的方法分析教学问题，确定教学目标，建立解决问题的步骤，选择相应的教学策略和教学媒体，最后分析评价其结果的决策过程与操作过程。教学设计是教学目的的具体预演，在整个教学过程中发挥前导和定向功能．直接决定着教学过程和教学效果的优化与否。在进行教学设计时，要突出网络学习的自主性．强调教学资源用来支持学习，重视学习需求分析、教学目标分析、教学内容分析、学习效果的评价与反馈及交流，尤其注重基于网络的学习情境创设和教与学策略设计。适用于网络教学的教的策略有抛锚策略、支架式策略、十字交叉形策略、建模策略、教练策略、合作学习策略、小组评价策略和反思策略：学的策略有认知策略、元认知策略、资源管理策略，尤其不能忽略资源管理策略。

（二）远程教育

1. 远程教育的构成要素

远程教育系统的内部由多个具有一定层次结构和特定功能的子系统和要素组成，这些组成部分相互关联、相互制约、相互作用，共同实现系统的总体功能和目标。1981 年，凯依（Kay）和鲁姆博尔（Rumble）提出远程教育系统的结构主要包括四个子系统：课程子系统、学生子系统、管理子系统和后勤子系统。

美国远程教育专家迈克尔·穆尔（Michael G. Moore）是国际远程教育界著名的理论家和实践家，他在 1996 年提出的远程教育系统构成与我们当前的远程教育发展比较吻合。

1）课程来源

提供远程教育的机构或单位，在决定开设课程时通常需要考虑许多因素，包括其教育使命、学生的需求与特点、机构特性、哲学理念、教师的研究领域或专长等。

2）设计

远程教育课程的产生会涉及许多的设计专家，如学科专家、具有教学设计专长及媒体技术专业知识的人员等。这些专家需在课程目标、学生的作业与活动、教材的版面设计、教学资源的内容及互动过程的问题设计等方面达成共识，共同设计课程。

3）发送

课程设计完成后就需要用到某些技术作为传送教学与师生沟通的桥梁．包括邮政系统、广播电视、电话、卫星、有线电视、计算机网络等软硬件设备，以及运作这些技术的机构与人员等资源。

4）互动

远程课程设计者依据学生人数安排授课教师、辅导教师或助教，并针对教材内容与学习活动来进行师生之间、学习者之间、学习者与教材之间、学习者与媒体技术接口之间的互动。这种互动包括同步与异步的沟通。

5）学习环境

远程学习者的学习时间与场所不定，有可能是在工作地点，也有可能是在家里、教室、社区、各地学习中心等，这就使得学习更具有挑战性。有时干扰因素太多，学习容易中断，因此远程教育机构必须善用技术提供支持，远程学习者也必须不断吸收学习技巧、改变学习习惯，以成为有效率的远程学习者。

2. 现代远程教育的分类

1）按实施的机构划分

（1）政府远程培训机构。

政府创建的远程培训机构，在硬件和软件上都有较大的投入，长期聘用专职工作人员进行教学和管理工作，可提供包括高等教育、中等教育、继续教育和远程培训等各种层次的课程。这些专职人员不但负责远程课程的开发，而且为学生的远程学习提供双向通信和支持服务。

建立于 1939 年的法国国家远程教育中心和 1946 年劳厄·哈图（Lower Hutt）的新西兰开放工学院是两个典型的例子。它们已经存在了几十年，每年有几十万学生参加培训，在欧洲尤其在法国和新西兰，保持有一定的市场。

（2）普通高等院校中的远程教育部门。

这一模式多数应用于芬兰、瑞典和法国。在英国，也有约 100 所高校提供远程教育课程，与英国开放大学争夺远程教育市场。美国和澳大利亚的许多普通高校也在使用互联网为学习者提供远程教育课程。

（3）私立远程培训机构。

在欧洲和世界各地，私立院校开展远程教学已有近 150 多年的历史，这类远程教育中的学生一般通过邮件、电话和电子邮件与学校代表进行沟通和交流。德斯蒙德·基更（Desmond Keegan）认为私立远程培训机构在最近 20 年中仍很少应用新技术，在芬兰、挪威、瑞典和法国等一些发达国家越来越少地被学习者接受，正在迅速丧失市场。

2）按信息交流的时效性划分

（1）实时交流方式。

这种交流方式也称为同步交流方式，主要包括交互电视、远程会议、计算机会议、网上交流等，表现为师生双方同时处在同一个教学过程中，可以"面对面"地交流信息。其优势在于教师能够及时地给予学习上的指导，减少学生的学习困难，提高学习效率和学习积极性，但学生却难以根据个人的情况选择学习内容和进度。

（2）非实时交流方式。

非实时交流方式也称异步交流方式，主要包括网络课程、E-mail、留言板等，表现为师生双方并非同时处在同一教学过程中，双方互相发出的信息并未即刻被感知，通常被感知的时间落后于信息发出的时间，也就是说师生之间的交流和沟通不是同步的。这种方式具有很大的灵活性，学生可以根据自己的时间和兴趣来选择学习的内容和速度，有利于学生个性发展，但影响学习效率。

第四章
大数据时代高校教师教学能力提升的队伍建设

第一节　大数据时代高校教师队伍的组成

　　教师队伍是高校教育竞争力的核心，无疑是高校最重要的人力资源。所以，大数据时代下，高校教师队伍的组成就是人力资源的组建。如果从人力资源的角度来看，人力资源的"组织"就是高校，房屋、土地等资产以及人构成了各种类型的资源，这些资源是高校提升教育竞争力所不可或缺的。但是对于高校来说，作为核心资源的教师，则是高校最为重要的资源。分析大数据时代下高校教师队伍的组成，其实就是在对大数据时代下高校核心人力资源的组成进行分析。因此，对于这一问题，从人力资源的角度来看待，可以获得更好的效果。

　　大数据时代下，信息传播极其发达，对于高校发展提出很大挑战。面对这样的时代特点，高校更应该将教师队伍这一基本的、核心的资源打造到极致。要想在大数据时代下实现高校自身的快速发展，培养出适应时代的教师队伍是高校建设永恒的、最基础、最重要的任务。适应大数据时代的高质量教师队伍，必然要有一个科学、优化的整体，而这样的整体必然是由高水平、高素质的教师所共同构成。

一、人力资源配置理论及层次

　　对于人力资源配置这一问题，不论是国内还是国外的学者都有着不同的看法和解释。通常会有三种较为普遍的认知：第一种，认为人力资源配置是对人员进行岗位安排，确保人人有事可做，每个岗位有人能够担任；第二种，更加重视人员和岗位的双向选择与匹配程度；第三种，相对来说更为全面，认为人员不仅应该适应相应岗位，还能够与周边环境、人际相互适应，重视岗位匹配度的同时还重视社会性等各种影响关系。总结上述三种观点来看，人力资源配置绝不是一件简单的事情，不仅要做到人尽其用，还要注重整体效果。我们可以将人力资源配置看作是一种根据一定标准和需求把劳动力分配到社会生产以及各种经济活动当中的过程。笔者认为：从过程上看，人力资源配置与开发人力资源有着密切的联系，是实现人力资源价值的重要环节；而从结果来看，人力资源配置是满足社会经济活动而对人力资源进行配备所呈现的一种结果。

著名学者厉以宁先生将人力资源配置方式分为两种层次，分别为宏观层次和微观层次。宏观层次的资源配置，是指资源不论如何配置，最终各个环节或部门都可以发挥作用，呈现出资源配置的合理性。而微观层面的资源配置，则要具体到一个部门、一个生产单位是如何运用资源的，各个单位能否有效地利用拥有的资源，从而输出最大的产量。如果将这种人力资源配置的理论应用在高校人力资源配置方面，就可以更为灵活地为高校教师队伍的管理和组成提供指导。通常来说，运用宏观配置实现的人力资源配置被称为高层次配置，而在部分高校当中的微观配置被称为低层次配置。两种层次的划分是根据方式方法的不同来设定的，通常来看，运用技术调控或总体管理手段来对资源进行调整，从而实现提高效率的目的，就属于低层次的人力资源配置；运用宏观调控的手段对人力资源流动和配置的方式就是高层次的人力资源配置。

从宏观角度来看，人力资源在配置上通常有三种模式：第一种是计划配置。这种配置模式是根据职位规划、比例对劳动者进行岗位分配，将人力资源根据各个部门的需求来完成配置。第二种是市场配置。这种方式是根据人力资源的供求关系，以及劳动者和单位之间是否相互认可来决定的。第三种是综合型配置，这种方式融合了前两种配置模式，是将计划和市场相结合的一种人力资源配置模式。总体来看，宏观角度下的三种配置模式是在劳动者和单位之间建立一种相互匹配的关系。从微观角度来看，人力资源配置有三种模型：第一种是"人岗关系"型。这是根据岗位需求来对人员进行分配，通过招聘、竞争、试用等方式实现人员和岗位高匹配的结果。第二种是移动型配置。这是通过对人员的岗位进行上下、左右的移动来满足岗位的人力需求，通常表现为职位的晋升、降职或是平行调动。第三种模型是流动配置型。这种模式是利用单位内部的人员流动来确保岗位人力需求，通常的表现形式包括安置、调整以及辞退。

二、大数据时代高校教师资源的特点

高校与其他企业组织不同，同样也不同于政府组织。政府组织在人员管理方面，有着严格的上下级关系，下级要对上级负责，并遵照上级委派完成工作任务。企业组织最终的发展目标是获取更大的经济效益，因此，企业通过利益来维系整个组织的运行和管理。对于高校来说，最核心的人力资源是教师队伍，是学术人力资源，这样的人力资源是不能用企业或政府的管理方式进行配置的。高等学校的特殊之处在于，其整体是一个有序的组织，但是内部又呈现一种无序性。这是因为任何高校都必须要有完整的管理和组织结构，在有序的组织下，各个部门才能有序地进行工作。完整的管理架构之下，高校在财务、人力和研究等方面的工作才能有所遵循，形成一套有组织的机制和规范。高等学校是以培养符合社会需求的高等人才为目标，虽然高等教育随着发展越来越丰富，但其根本目标仍没有变。所以，高校教育的发展根基还是要抓住培养人才的重点。

高校的人力资源具有一般人力资源的共同特点，但是了解其个性特征才能对高校人力资源更好地运用和配置。首先，高校人力资源有很深厚的人才存量。高校是孕育高等人才的摇篮，高校的教学科研队伍是高校的核心人力资源，同时也是人类社会文明的传承者。这些高等人才队伍肩负着培养人才、科学研究以及其他社会工作的责任，他们普遍有着较高的能力和才能。由于拥有着丰富的人才储备，因此高校的人力资源有着丰富的存量。其次，高校的人力资源具有高层次特点。高校教学科研人员普遍有着优越的教育背景，掌握着专业甚至是尖端的知识技能，因此，他们更具有个性，更注重个人能力的表现。

高校人力资源还有共享性特点。所谓共享，是指人自身的能力和才能可以被重复使用。在如今的现代化社会，人才成为众多企业机构争抢的对象，高校教师队伍有着优越的专业能力，因此相当一部分教师不仅在高校有着本职工作，还有社会兼职。对于高校人力资源管理者来说，如何在教师的本职工作和兼职工作之间做到平衡，是必须考虑的问题。高校教学科研人员具备出众的能力，往往有着更大的人生理想，高校如何满足这些人员的理想，也是高校必须考虑的问题。

高校人力资源另一种与其他人力资源不同的特点就是高校人力资源的劳动成果难以进行量化。高校人力资源属于脑力劳动者，脑力劳动是难以量化的，这是一种无形的工作。所以，难以对高校人力资源的劳动进行监控。高校教师不仅承担着教学的任务，相当一部分教师还是科研工作者，科研工作耗时长，要投入大量的精力进行科学思考。这些无形的工作难以计量，另外高校教师优秀的思想对学生才能的提升甚至未来人生的影响都是难以估计的。所以，其工作成果难以实现量化。最后，高校虽然是高等人才的摇篮，可是，人才稀缺的情况也并不少见。随着时代的发展，社会和时代都对高校教师的能力提出了更高的要求。高校教师不仅要具备扎实的专业理论基础和一定的科研能力，跨学科的能力也成为高校教师需要具备的能力。同时，其他企业组织对人才的渴求度日益提升，都成了高校争夺人才的竞争对象。

三、大数据时代下高校教师队伍的构成

大数据时代下，高校的组织运转要更具有效率，处理信息能力要不断加强。作为高校核心人力资源的教师，在自身提升能力的同时，高校人力资源管理者也要更新观念，对高校人力资源的构成进行重新组合。到目前为止，高校人力资源的构成仍有多种观点。笔者认为在大数据时代下，高校教师队伍由具备教师资格高级知识分子组成，是整个教师队伍组建的基础。在高校教师队伍当中要明确分工，教学、科研人员的职责要清楚标明。教学人员的主要职责是培养人才，承担授课的任务；科研人员则是要承担科学研发的工作。高校教师队伍主要就是由教学人员和科研人员所构成。负责管理的是职员队伍，管理人员不仅负责教师的管理工作，还要承担学生的管理职责，是保证高校正常运转的职能人员。

建立大数据时代高校教师队伍，要从两个基本方面进行考量。首先是教师群体

素质结构方面，所谓群体素质，也可以说是高校教师队伍组建的"硬实力"，包括年龄、职称、学历、学科以及学缘等。高校教师队伍的年龄结构应该均衡，教师年龄梯队应该保证老中青三个年龄段的分布。注重年龄搭配，可以避免教师队伍出现年龄断层的情况，做好年龄结构布局，可以为高校的人才储备提供一定指导。职称是展现教师素质的参考之一，通常来说，在一所高校当中，教授、副教授的比例越高，说明该校的教学科研能力越强。

学历是教师教育背景最直接的展现，高校教师队伍当中高学历比例高，一定程度上来说，教学和科研能力也就高。高校教师学科分布，展现了一所高校的办学特点。从传统来看，工科院校当中工科教师比例相对较高，师范类院校当中师范专业教师比例相对较高。但是随着高校发展以及跨学科、文化多元等理念的推广，越来越多的高校开始向综合类大学发展，教师队伍当中学科愈加丰富。最后一个方面就是学缘，合理的学缘结构可以避免学术科研产生"近亲繁殖"的现象。培养、引入更多的课题、学术带头人，丰富高校的教学与科研元素，调动更为活跃的高校文化氛围，能够建立更具特色的学缘结构。

教师个体素质结构可以看作是高校教师队伍的"软实力"，包括理论知识、综合能力、道德素养、生理心理状态等。高校教师具备扎实的理论知识是必备的能力。理论知识不仅包括本专业及教育学科理论知识，还应该掌握本学科相关的跨学科知识，增加自身理论知识的广度和深度是高校教师必须具备的基本能力。综合能力指的是教师应该具备较强的逻辑、观察、教育、表达等多方面的能力，这是教师整体素质的展现。另外教师还应具备良好的道德素养。正确的世界观、价值观才能带给学生们正确的思想导向。

对高校教师队伍进行配置组成，要确立目标，没有明确的目标，高校教师队伍的构成配置就会盲目没有方向感。高校教师队伍的组成应符合高校自身的特点，并结合教师人力资源的特质。前文提到高等学校不同于政府、企业组织，在组成教师队伍的过程中要考虑多方面的元素。高校不是独立存在于社会中的，高校应该对市场需求有更多的了解，政府不能对高校直接干预，但是政策性的指导也是不可缺少的，可以说，市场、政府、高校三者之间相互联系。高校教师队伍的构成也要考虑到社会及政府，坚持高校公益性的前提，加强教育公平的推进。

高校教师本身也是具有特点的，特别是在新时代下，高校教师不能再用传统的观念去定义了。在大数据时代下，高校教师有着更多元的价值观，高校教师也是普通人，同样有着多样的需求。物质收入是满足生活的保障，这是最基本的需求；精神层面的，被认同、被尊重的精神需求也同样是高校教师所需要的。所以，在大数据时代下，高校教师呈现了多元的需求性。总体来说，高校教师队伍的组成不是高校挑教师，也不是教师肆意选岗位，而是市场、高校、政府以及教师本身需求的综合结果。

第二节　大数据时代高校教师队伍的建设

对于高校管理者来说，大数据时代下高校教师队伍的建设要更新理念，"以人为本"是在人员遵守管理制度的基础上必须具备的管理理念。"以人为本"强调了"人"的地位，重视被管理个人的自我需求。从高校的角度来看，"以人为本"就是将教师放在了核心位置，真正关注教师的需求，不仅仅是物质，更包括了精神层面。在管理方面，注重教师全面、健康的发展，积极推动教师参与教学和科研，满足教师的需求从而实现教育的效益最大化。高校还要为教师的个人发展提供平台，教师个人综合素质的提升最后还将反馈给高校。高校要设法将教师个人的发展目标与高校的发展需求相连接，从而实现教师个人与高校集体的共同发展、成长。

一、大数据时代下高校教师队伍建设理念

(一)"以人为本"

高校所承担的责任众多，除教学、科研外，还承担着社会服务职能。教师作为高校人力资源的核心力量，是发挥高校职能的主体，特别是在教育与科研方面有着难以替代的作用。因此，高校管理更应该将人放在中心地位，重视教师的地位，将

满足教师的需求放在重要的位置，提升教师工作的主动性和创造性，实现"以人为本"其实也是高校进一步发展的要求。贯彻"以人为本"的观念，最终实现"人本管理"。树立人本管理的思想需要在以下几点加大努力。第一，将教师作为人力管理的中心，重视教师的位置，通过多种手段来激发教师积极性。第二，教师的职业发展也关系到高校的发展，因此管理活动要以教师为中心，推进更多的活动。第三，高校对教师应该做到尊重、理解，提升教师的自信心，给予教师更多的认同感，激发教师的潜能。通过对人员队伍实现人本管理，从而建立一个勤于学习的整体氛围，由教师带动学生，在良好的氛围之下打造孕育人才的摇篮，将高校的职能充分地发挥出来。

（二）"能本管理"

与人本管理相搭配的另一个理念就是"能本管理"理念。这一理念就是将能力作为岗位任职的基础所进行的管理方式。将能力作为人员管理的基础，通过科学而有效的方式将人员的最大潜力发挥出来，在最大化地实现个人价值的同时，也为整体实现了巨大的进步。在大数据时代下，知识就是力量，智力和技能变得更为重要，而创新能力又是在知识、技能的基础之上推动甚至改造世界的重要能力。所以，将能力放在重要的位置，对不同的能力发挥在相应的岗位上，在实践当中有着广泛的应用。

大数据时代下，竞争日益激烈，高校之间同样也面临着巨大的竞争。大数据时代为高校提供了发展的巨大空间，也加强了高校间的竞争。可以说，高校提升自身竞争力已经变得刻不容缓。所以，高校在人员管理方面要紧跟时代发展，推行"能本管理"的理念适用于高校教师队伍的管理和配置。高校在教师队伍的组建和配置方面，要将教师的知识、技能、创造力以及合作能力列为首位，高校的发展需要教师来推动。教师自身能力的提高能够更好地展现自我的人生价值，同时也能够推动高校发展，贡献自己的力量。对于高校来说，以教师为中心，重视人才，对每一位教师的努力给予尊重和鼓励，将能力作为衡量教师的重要标准，从而激励教师进一步提升自身，发挥更大的潜力。

高校实行教师岗位配置要做到人尽其才，通过"能本管理"将教师的各方面能力发挥到极致，实现个人与集体双重价值的实现，而"人本管理"则强调了教师个体的地位，有效地提升了教师的积极性，提升了高校的运转效率。"能本管理"与"以人为本"两种观念共同推行并不矛盾，而且会相互助力，产生更大的积极作用。在大数据时代下，个人的时间能力、创新能力在经济发展当中发挥着重要的作用，现代管理也由机械、命令式的管理发展为"人本管理""能本管理"，以至于今天的"以人为本"的观念。"人本"和"能本"都不可或缺，都是大数据时代下高校教师队伍管理与组建必须具备的思想观念。

二、高校教师配置机制

（一）高校教师队伍建立的基本关系

高校教师资源的配置受市场与政府两方面影响，所以改善高校教师配置机制要从两个方面来考虑。第一，确保市场的调节作用；第二，政府的干预性不可缺少。如何在两者之间实现平衡，寻找到最佳的支撑点，是改善高校教师配置机制的关键。配置高校教师队伍的前提是分析在大数据时代下人力资源配置系统中各个运行主体以及各种基本关系的确立。

根据我国当前高等教育的发展，以及政府、市场在人力资源配置当中所扮演的角色，在大数据市场经济条件下，高校人力资源配置可以参考下图来进行完善和补充。

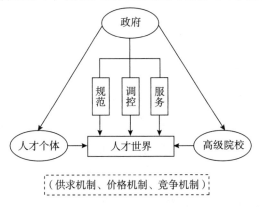

图 4 - 1　高校人力资源配置

该图中所包含的关系如下：首先，人才供需通过人才市场完成等价交换，这体现了人才市场在人力资源配置当中的作用；其次，人才和高校都是人才市场上平等的主体，双方的交换必须遵循人才供求情况、人才竞争等实际状况来进行选择；最后，从微观上看，人才的供求活动是通过人才市场所搭建的公平、符合市场规律的平台来完成的，从宏观上看，人才供求活动还是需要政府的引导和支持才能合理、公平的展开。所以，高校教师队伍的组成不仅需要高校自身的努力，还需要政府以及整个市场的配合帮助。

（二）创新教师管理模式

1. 建立开放的编制管理

为了提升用人效益，教育主管部门对高校教师职务的评定正在逐步向教师职务结构比例宏观指导的方向发展，进而将会发展为高校自主控制、自主建立教师队伍。所以，高校在师资管理方面的规划要具有开放的观念，不仅要吸引人才还要能够留住人才，对人才进一步培养。另外随着发展，当前高校的教师编制已经呈现固定编制与合同制相结合的聘用方式。在大数据时代下，高校固定编制教师必然会越来越少，逐步减少教师固定编制来增加流动教师比例。从而为高校之间互聘教师以及聘用更多有能力、有经验的社会人才做准备，最终建立一支以中青年教师为主力、兼职教师为辅助力量的相对稳定但又具有开放性的教师队伍。

2. 开放的聘任方式

开放的聘任指的是在教师聘任方面，高校与教师个体相互平等，建立清晰明确的聘用关系，聘用流程严格遵照法律规定，制定双方满意的契约，推行双向选择、双向竞争的机制。打破传统高校教师固定编制的束缚，教师和高校都有充足的自由选择权利。通过这种方式，双方制定法律契约既能够保障双方的合法权益，还能够使双方有巨大的选择和发展空间。高校教师论资排辈的时代早就过去，要想实现高校教师队伍的发展必须推进竞争择优的聘任制度。由曾经行政任用关系向平等协商的聘用合同关系转变，是高校组建适应大数据时代教师队伍的特点。

3. 科学的考评方式

教师队伍要不断推进教师的考评管理制度，通过科学的考评标准和方式，对教师的工作进行严谨、客观的考核。通过考评来对教师工作进行评定，进而与教师的晋升、奖惩联系起来，可以进一步激励教师更好地工作。高校必须考虑到教师对于工作的主观热情，利用物质与精神的激励，让教师获得更强的工作积极性。同时，高校管理人员应该意识到，对教师的激励要尽量顾及教师的个性特点，满足教师的个性化需求，这样往往会起到意想不到的激励效果。

二、高校教师队伍优化配置

（一）优化高校师生结构

师生比直接反映了高校的办学效率和办学质量。随着我国社会的发展，在大数据时代下，高校不断扩招，导致每年高校招生数量都呈上升趋势。部分高校教师不仅要承担教学任务，还承担着科研的工作或是研究生教育工作。大量高校学生必然会给高校教师带来更重的教学任务，导致工作效率降低。以美国为例，办学能力越强的高校，其师生比例越低，美国名列前十的高校师生比甚至达到了 1∶6.73，而拥有硕士学位授权资格的前四十名大学的教师与学生比约为 1∶13。由此可见，合理的师生比能够使高校保持高效的办学状态。高校应该严格控制后勤人员的数量，后勤人员占据高校职工比例越高，高校办学效率就越低。在大数据时代下，高校要革新后勤工作，对行政管理和教辅后勤等机构进行简化，精简后勤人员，增加教学人员，将更多的编制与聘任机会留给教师与科研人员。

（二）职称结构优化

职称反映的是高校教师队伍的教学科研能力。高校教师队伍属于高智能、高水准的人力资源。对高校的师资职称结构进行优化，可以更好地发挥高校教师队伍的教学科研能力。建立科学合理的职称梯队，对于提升高校办学水准有着重要意义。

高校教师职称级别可以分为高、中、初三个层级，高级为副教授以上，中级为讲师，初级为助教。对三个层级进行比例优化当前还没有统一的观点，但是，从当前我国高校实际情况来看，实行"二四三一"的职称结构更为适合，也就是助教、讲师、副教授、教授的比例为 2∶4∶3∶1。"二四三一"的模式也仅仅是作为参考，高校在教师职称结构优化上还是应该以自身发展实情为准。职称结构优化应该做到分学科地进行，教师职称结构不是一成不变的，要考虑到教师流动的情况，确保高校办学水平。对职称结构优化实际上是打破了传统职称结构，推进职称评定的新方式，激活高校教师队伍的积极性。

（三）学历结构优化

学历反映了教师的教育背景，一定程度地成为教师业务能力的参考标准。进入 21 世纪，我国愈加重视全民受教育情况的提升，2021 年我国高校教师具有硕士学历的比例仅为 32%，但是到 2022 年我国本科高校教师具有硕士学历的比例已经达到 60% 以上。如今，我国以教学科研为主的高校在聘任教师时更是将硕士学历作为最低入职学历。可以说，我国在推进教育改革上下了巨大的努力，不过优化高校教师学历结构的工作仍要坚持。高校教师招聘标准不能降低，将硕士学位的教师作为主力的同时，要继续引进博士学位的人才，革新激励人才的制度，吸引更多的人才加入高等教育事业当中。对在职教师的继续教育不能停歇，鼓励教师继续学习，为高校在职教师继续攻读学位提供便利的渠道。优化高校教师学历结构，推进高校不断发展。

（四）优化年龄结构

大数据时代下，高校教师的年龄结构从一定程度上反映了高校教师队伍的活力。年龄小的教师，有更充沛的精力，学习能力更强，特别是在大数据时代下，年轻教师有更强的信息收集能力。但是年轻教师相对经验少，在教学与科研方面还需要更多的历练。而年龄大的教师经验更加丰富，对学生的指导水平会更高，相应地，年龄大的教师精力较年轻人更少，学习能力要低于年轻人。所以，高校教师年龄结构必须合理，需要保持教师队伍当中各年龄段的平衡，符合自然规律。从总体来看，高校教师队伍的设立应设置为金字塔结构，青年教师稍多于中年教师，中年教师稍多于老年教师。确保教师队伍的活力，同时一定程度上又要保留老教师的经验，做好老、中、青三代教师的比例控制，推进高校教师队伍的建设。

第三节　大数据时代高校教师队伍的建设面临的困难

一、大数据时代高校教师队伍建设面临的问题

（一）教师配置效率低

我国大力推进高等教育发展，我国高等院校大规模扩招从而建立了较大规模的高等教育体系。在这样的背景下，高等教育资源配置也相应发展。可是相应带来的问题也日益显著，高校学生数量急剧增加，可是高校教师数量增长缓慢，导致师生比例失衡，难以确保教学质量。由于师生比例失衡，所以我国高校常出现百人甚至百人以上的大课堂局面，甚至部分院校在专业课程上也出现大课堂的情况，这就说明缺乏专业教师。由于师生比例失衡，某些院校会安排一些专业性不强甚至重复性的课程，避免因为教师不足导致学生难以完成学分。这样一来不仅耽误学生时间，更降低了学生的学习热情，拉低高校的办学水平。

（二）年龄结构不合理

高校教师年龄结构指的是教师队伍的平均年龄以及年龄阶段的分布状况。年龄结构不仅反映了教师队伍的活力，也体现了其创造力的水准。对于高校来说，教师年龄结构分布不仅仅要看年龄比例，还要看在高、中、低三个职称当中年龄的分布情况。应该确保高校教师三个职级当中均有老、中、青三个年龄段的教师。随着我国高等教育的发展，中青年教师数量不断增加，所以近年来中青年教师比例也呈上

升趋势。当前我国比例的发展趋势是高级职称当中的中年教师比例越来越高,说明中年教师成了高校的教师主力,推动高校发展。但是,年龄结构出现的一个问题就是当前我国高校教师当中,高级职称中 55 岁以上的教师比例仍然较高,这说明青年教师的能力需要提高,增加青年教师在高级职称当中占据的比例。

(三)"近亲繁殖"的学缘结构

学缘结构是由教师最终学历毕业的院校和所学专业构成所呈现的情况。学缘结构表明了教师队伍当中学术互补的情况,良好的学缘结构可以表现出更为活跃的学术氛围,为产生新观点、新理论提供了学术土壤。当前我国高校越来越注重学缘结构的搭建。一些院校在招聘教师时往往会设置一定的招聘比例用来招聘北方或其他地域的教师,从而避免学缘结构出现"近亲繁殖"情况。但是,一些重点高校学缘结构的"近亲繁殖"情况仍然严重。出现这种情况的原因通常来自两个方面:一方面是高校或教师对于培养成才的优秀学生产生"爱才"心理,希望学生能够毕业后留校任教,为高校发展贡献力量。另一方面是学生自身,一些学生在经历研究生甚至是博士生的学习生涯后,已经习惯于本校的生活环境,最后选择留校任教。但是西方发达国家对于学缘结构是严格控制的,部分学校甚至禁止招聘本校毕业学生,而美国某些高校为了丰富学缘结构,不仅吸收不同学校毕业的教师,甚至会大量聘用不同民族和外籍教师。通常来说,一座高校当中教师教育背景愈加多样,校园内的学术环境就愈加活跃。不同学缘结构可以产生不同的观点,思想的火花不断碰撞最终形成思想上的互补,最终可以提高教师的学术水平。学缘结构出现"近亲繁殖"就难以出现思想碰撞,难以产生创新。

(四) 师资浪费

所谓"师资浪费",是指高校教师队伍不够稳定,高校教师将精力投入到与教学科研无关的方面。特别是受到近年来"拜金主义""享乐主义"等不良风气的影响,我国很多高校都出现了这种师资浪费情况。一些教师在高校任职期间,还去社会上做兼职,常常在兼职工作上投入更多的精力和时间,进而影响了在高校的教学科研工作,导致了高校师资浪费的情况发生。

"师资浪费"呈现为两种情况。第一种是智力外流。高校教师为了获得更多的经济收益，往往在社会从事其他工作，导致高校工作受到影响，这种情况就是智力外流。大数据时代经济发展快速，生活节奏加快逐渐产生"金钱崇拜"的不良风气。特别是青年教师的智力外流情况尤其明显，一方面要保留高校教师这一稳定工作，另一方面又留恋于社会兼职的高收入，最终导致高校工作质量下降。随着高校独立性越来越强，高校为了留住人才，对于高校教师的待遇和补助越来越重视，同时国家也大力扶持高校的发展，社会对于教师的认可度越来越高。青年教师的流失也有所缓解，但是这种"师资浪费"的隐性流失仍然存在，这也给高校师资管理者敲响了警钟。不能控制这种隐性流失，不仅会对高校的发展产生阻碍，甚至会对我国教育事业的前进造成不良影响。

"师资浪费"的另一种表现就是骨干教师更青睐于行政职务的提升。部分教师受"官本位"思想的影响，热衷于行政管理岗位。教师在担任行政职务后精力必然会被分走，教学和行政分属两个领域，同时进行必然消耗大量精力。教学工作的质量也就必然会下降。高校发展的根本在于教师资源，教师重视行政工作，教学工作必然耽搁，高校的发展必然会变得缓慢甚至停滞。

二、大数据时代高校教师队伍建设问题出现的原因

（一）环境因素

1. 政府资源配置方式的问题

我国在20世纪末大力发展高等教育，对高等教育发展投入的经费逐年增加，可是与发达国家相比仍然有一定的差距，同时高校却又快速进行发展和扩张。高校的人力资源配置行为也受市场影响，导致了遏制不均衡、不合理的情况。这种不均衡、不合理的表现有三点：首先，为了获得更快发展，高校快速扩招，导致学校规模不断扩大，这样做是为了获得政府更多的经费拨款，可是最终导致大量学生没有足够的教师来进行授课，导致高校教学能力下降。第二，高校追求的目标过大。在21世

纪初，部分高校打出创办世界一流高校的口号，但是自身的能力在国内尚不能跻身一流大学。投入大量的成本，最终导致学校内出现"有大楼，没大师"的尴尬局面。第三，高校相互攀比。由于教师资源配置不均，部分高校为了获得更多的师资满足自身需求，不顾教育市场发展规律盲目升级，在教师资源上盲目扩张，四处"挖角"，导致高校之间产生不良竞争，甚至出现为争抢人才而进行高消费的冲动行为。

2. 政府调控不力

政府应通过对人才市场的支持进而促进人才资源配置的合理化，从而符合市场对人才资源的需求。政府要以经济发展为目标，充分利用经济、法律以及行政手段，对人力资源、市场进行科学的引导，并加以科学、严格的规范，最终降低甚至是克服人才市场存在的弊端。当前，人力资源被各区域分割占据，各地为了保留人才纷纷用尽手段。由于各自为政，难以建立有效、科学的人力资源预测体系，对人力资源难以实行科学规划、科学指导，所以高校在教师资源组建上就存在困难。这需要政府加大调控力度，打破人才隔阂，将不公平的现象消除，建立公平、合理的政策规范。

3. 高校教师资源配置转换缓慢

我国在高校人力资源配置上由计划向市场进行转变，管理模式也由封闭向开放转变，可以说我国高校人力管理有了巨大的改变。不过，这些转变还存在于物质层面，高校的人力资源配置还需要进一步实现发展。高校所提供的高等教育属于社会公共产品，是高校实现社会化的重要途径。政府在宏观层面所运用的方式是通过调控来对高校人力资源配置进行引导。人才市场还存在弊端，导致人才资源不能合理地流动。人力资源配置速度运作缓慢直接影响了大数据时代下高校改革的推进。

4. 科研工作呈现行政化

高校传统的管理模式有很强的行政管理倾向，可是这样一来就忽视了教师本身的精神需求和精神价值，导致教学、科研工作向行政工作倾斜。这样一来，高校行政机构管理者就会以管理者的身份行事，教师就成了被管理者。原本，高校行政机构应该是服务于高校教师队伍的，行政为教育做好坚实的后盾确保教育工作有序展开，可是如今行政管理教育导致位置颠倒。在"官本位"思想的影响下，一些教师价值取向由教育走向行政，职位高于学识，权术重于学术。这样的状况下，与高校重视人才、发展学术的理念就背道而驰。高校想要组建教师队伍，想要培养更多的人才，就必须对自身的内部环境进行优化，提升高校教师人力资源的深度，营造良好的学术研究氛围。

（二）管理理念

随着思想的不断发展，在大数据时代我国高校在人事管理方面已经取得了巨大的突破。但是，我们也应该意识到，高校在人力管理理念方面还有所欠缺。对于教师的管理理念仍然受传统固有观念束缚，一些高校人力管理人员在思想上仍旧将人事工作当作行政职务进行，模式还存在僵化的状况，不能做到以人为本的管理。很多高校人事管理人员没有意识到，教师是高校的立身之本，只是将人力当作成本，实现简单、模式化的人事管理流程。如果观念不更新，就容易出现轻视人才而重视岗位的情况，没有与高校教师资源实现良好的沟通。一些管理人员仍旧秉持着大投入才有大回报的观念，重视物资设备发展却轻视教师队伍的建设。资金对于高校的发展固然重要，但是没有高水准教师队伍，也会使高校发展陷入困境。

（三）管理机制

为了适应大数据时代，很多高校都在人力资源规划、人才管理和引进方面积极地进行探索和实践，并取得了一定成果。不过，当前我国部分高校在教师队伍的建设和管理上没有长期规划。人力资源规划是考察人力资源管理的重要标志，也是人力资源发展、组织发展的必然选择。部分高校缺乏规划，就算有很多规划也无法深入展开，难以对组织、管理等深层次活动产生影响。

1. 科学、规范地聘任人才

我国高校在聘任教师方面应该建立科学、规范的聘任制度，但是我国高校在这方面做得还不够。虽然当前我国重视人才的引进和聘用，可是在人才后续的培养上却没有提供足够的资源。部分高校在聘任教师方面，过度重视高水准、高职称的人员引进，虽然暂时提升了教师队伍的水平，可是却忽视了当前在职教师的培养。对于在职教师，部分高校没有提供足够的资金和平台，导致在职教师另寻高就。这就出现了一种奇怪现象：高校不断引入高水平人才，可是校内的教师骨干却难以长久稳定地在校内工作，纷纷流失。我国高校还存在一种现象就是"外来的和尚会念经"，部分高校将有留学经历的人才放在重点，甚至认为有留学背景的人才绝对强于本土教育背景的人才。这就出现具有留学背景的教师待遇高于本土教育背景的教师，由于待遇不公平，导致很多人才流失。

人才流动滞涩、人才难以人尽其用。由于部分高校没有对人才资源进行整体规划，所以就没有人才发展的规划。为了避免人才流失，部分高校不得已限制教师的发展，降低教师的流动性，将教师限制在高校内部进行流动，对教师的人员以岗位划分，但是却缺少后续的跟踪考核。人员任职后，基本就很难再进行调动，想要更换岗位难上加难。面对这种情况，必须推进打破终身制的改革，高校对于职务的聘任应秉持双方自愿、公开选拔、竞争上岗的原则。推动人员的工作积极性，促使人员进行自我提升，有利于人员流动，打开了职务、职称的晋升通道，但是缺少考核办法也难以对人员的工作进行科学、合理的评价。所以，仅仅通过打破职务终身制的方式是远远不够的。改革的不彻底会引发一系列问题，部分高校存在教师的数量和质量难以满足学生数量的不断增加以及学生快速增长的求知欲，尤其是高水准的教师数量严重不足，难以满足教学与科研需求。由于人力资源管理改革不够彻底，遗留问题仍旧严峻，高职低聘、低职高聘的情况难以形成可行的处理方式，专业技术职务的聘用上，也没有实现灵活的上下变动机制。

2. 薪酬体系不规范，缺乏有效的激励机制

部分高校在人员薪酬管理上仍有着较为复杂的权限，导致自主管理力不足，这是计划经济下管理模式的遗留问题。由于薪酬管理缺失灵活性和自主性，所以高校难以根据自身的发展特点和需求来确立匹配的薪资待遇以及薪资增长实施办法。薪资待遇难以紧跟市场发展，在大数据时代快速发展的情况下，从外部来看，部分高校在人才竞争上就缺失了竞争力。而从内部来看，不同岗位、不同职务的工作人员

薪酬区别不大，就容易造成人员工作丧失积极性，拉低高校整体效率。部分高校在内部管理上仍存有传统管理的弊端，在人员激励制度上还在论资排辈，实行平均主义，这就不能让人员激励制度的推行实现突破性进展。高校的优秀人才与紧缺人才的待遇低于市场平均水平，特别是对经济基础薄弱的青年教师来说，更需要坚实的经济收入来解决物质生活问题，这就会导致人员流失，难以吸引人才的加入。

3. 考核体系不健全

当前，很多高校都希望人员考核实现量化，这样就可以更为直接方便。这样做有一定的优点，通过教师发布论文的数量、上课的课时、学术著作等来衡量教师的业务能力，这样也可以避免人为因素对考核产生干扰。不过，在实际工作当中，并不是仅仅通过量化就能够对教师的工作实现考核业绩的目的。这种量化的，甚至是细化的考核指标往往让教师疲于奔命，甚至某些教师直接将大量精力放在了冲刺考核指标上，反倒疏于教学。大量的教师考核也催生了大量的期刊杂志等商业行为。繁琐的量化考核有一定的优越性，但是却让一些教师向另一个方向奔忙，将有限的时间和精力放在了考核上。高校的教师不是业绩考核的机器，他们还需要继续学习，留下足够的时间和精力完成科学研究工作。从实际工作来看，量化考核更适用于相对简单的工作，对复杂的高校教育和学术研究还是有一定的局限性，难以起到真正激励高校教师的目的。

4. 教师培训不完善

为了提升师资力量，高校愈来愈重视对教师的培养。特别是在大数据时代，高校对教师的培养取得了一定的进展，但是也出现了一些问题。部分高校在教师培训工作当中出现权责不统一、目标不清晰和沟通不畅的问题。部分高校对教师的培训出现"虎头蛇尾"的情况，入职期间培训得到重视，工作后就没有再组织相关的培训工作。这种做法显然是将人事管理简单地套用在高校人力管理后存在的问题。实际上，定期组织教师进行专业交流、参加学术研讨会是一种人力投资，人力投资不仅能够提升教师个体的能力，更能为高校带来更多的回报。

第四节　大数据时代高校教师队伍的建设方法

一、教师需求与岗位需求

（一）教师需求

当前我国高校师资管理遵循的原则之一就是"按需设岗"。高校在设立岗位之前，人事管理相关部门将会对本校教师队伍以及本校经济实际情况进行考察，并进行预测分析。需要考虑到这几个问题：第一，当前本校教师队伍的结构层次，年龄、职称、学历、专业等都要包含在内。同时，对高校当前的教学任务和教学要求进行了解。第二，对近年来高校招生状况和变化要有一个清楚的认识，以做好师生比例调节。第三，高校建设要以学术和教学为主，所以学科建设应该放在首位。人事管理相关部门要对本校的学科发展以及重点学科的情况必须清楚。特别是学科建设是一项复杂而长期的工程。学科建设的核心是学术梯队建设，学术梯队必须要有学科带头人以及合格、成熟的高校师资队伍。总体来看，人事管理相关部门对高校师资队伍的需求进行分析预测时，必须要掌握当前高校师资队伍的情况、高校学生人数的变化、学科建设以及高校的建设目标等。在理清多方面需求后，人事管理相关部门最后应该了解高校设置的各个岗位。所以，建设高校教师队伍的前提是对高校全方面的情况都应该有所了解。

（二）高校教师岗位设置

高校教师岗位的设置，应以岗位成本以及师资优化为前提。设置岗位必须是为事设岗，而不是因人设岗。确立岗位要求和工作准则后，再公开以岗择人。招聘人才应遵循公开招聘、公平竞争、择优聘任的原则，在整个过程必须严格审核，不可徇私舞弊，最后与合格的人员签订聘用合同。高校要具有这样的意识，教师岗位设立的目的是推进高校实现进一步发展，设立的岗位应该反映高校在学科发展和教学科研方面对师资力量的需求。对于高级职务岗位，首先要考虑学科带头人的人选。学科带头人直接关系到学科建设，是高校发展战略和定位的重要岗位。所以，高校在设置岗位时应该先留有余地，这样更有利于人才的晋升和发展，鼓励中青年教师踊跃表现，推动高校进一步发展。

具体来看，高校教师岗位通常可以分为三类：第一类岗位是以学科带头人、学术带头人为代表的高级职务岗位。这一岗位的人员是高校学科建设的领头人，负责学科建设规划的制定和落实，是学科梯队的建设者。学术带头人是学科下属某一研究方向的领头人，这一岗位根据学科发展以及研究方向进行设立，是学科建设的坚实力量。第二类岗位是学术骨干岗，这一岗位是高校的骨干力量，在学科、学术带头人的领导下担任着高校学科研究，同时其中一部分教师还是高校教学的重要力量，是重要的组成力量。第三类岗位是教学科研岗位，这一类岗位以青年教师为主。这些教师还处于学术积累的重要阶段，在学术带头人、学科带头人以及学术骨干的领导下，在学术科研工作中发挥力量，是教学和科研工作的基础性力量。

二、完善创新教师聘任制

（一）优化人才引进机制

高校进行人才引进要推行明确的人才引进制度，并依照制度来对引进的教师进行各项考核。这是一个系统工程，需要建立完善的引进机制才能发挥其巨大的优势。

1. 创新制度

要顺利完成人才引进，首先要对制度进行创新优化。行业壁垒、高校与企业之间的隔阂都是阻碍人才引进的障碍，因此对于不同行业、不同类型的人才要推行不同的聘用形式。拓宽聘任渠道，打开聘任范围，是获得更多人才的有效途径。高校拓宽师资来源，向社会各界打开岗位招聘的大门。特别是应用型高校更需要应用型人才，应该为具有实践经验的高层次专业人才提供更多的渠道和方式，通过专职或兼职的岗位来吸引人才的加入。随着我国国力的增强，大数据时代的来临，很多海外学者纷纷回国效力，高校应该趁此时机大力吸引不同教育背景的教师加入，建立更为广阔的人才资源分享市场。

2. 建立新型用人方式

高校要推动人事管理进一步发展，实现教师人事关系社会化，转变传统高校的教师管理方式，建立高校与教师个体双向选择的新型用人方式。通过人事代理来处理教师的人事关系是一种新兴的人事管理方式。人事代理是经过政府许可的人事关系中介机构，有专业人员帮助委托单位处理员工的各种社会保险。当员工与单位解除雇佣关系后，人事代理就会为员工快速办理人事关系解除的各种事务。人事代理可以为高校减少人事管理的繁琐工作，而且在与教师确立劳动关系上会更加灵活。教师个体也不会为复杂的人事关系所扰，在高校工作期间还可以获得较为健全的社会保障，解除了教师的后顾之忧。还有劳务委派，劳务委派通常在高校后勤以及维护工作岗位较多。总之，高校在教师队伍建设上，不仅要做好吸引人才的工作，还要做好维护人才的工作，为教师提供完善的保障体系，让教师能够安心工作。

3. 严控聘用入口关

高校教师的聘用，首先参加应聘的人员必须持有教师资格证，另外随着我国高校的发展，学历上至少要达到硕士学位。高校是培养高级人才的摇篮，也是传播知识的圣地，所以高校教师这一岗位对专业性和学术性都有着严格的要求。具有良好教学经历的人员可以提升高校教师的学历结构。高校自身也应该不断适应大数据时代下人才的竞争，高校必须时刻做好人才竞争的准备，在坚持人力资源规划的基础上，顺应市场发展，在保证人才质量的前提下广招人才。充分利用大数据时代的优势，面向全国、面向世界广泛吸纳贤才，公开招聘高水平的教师。

4. 开拓师资渠道

开拓师资渠道的重要意义在于丰富高校师资队伍的学缘结构，避免教师队伍出现学缘结构的"近亲繁殖"。尤其是我国高校在教师学缘结构方面一直存在问题。充分利用大数据时代的技术优势，充分地开拓师资渠道，吸纳不同院系、学派的教师可以有效地改善学缘结构。师资来源多，岗位选拔的选择性也多，有利于建设高校教师队伍，提升高校的办学水平。高校应该逐步改变传统的本校毕业生留任的传统，应该尽量减少或不留本校应届毕业研究生、博士生加入本校的教师队伍。从短期来看，这种做法确实会降低教师队伍扩充的效率，但是对于学缘结构的建立却是长久之计。高校教师的聘任不要将眼光局限在本地域，而是应该放眼全国、放眼全世界，高校根据自身的实际情况和能力，在高校自身能力许可下，追求更大的聘任区域，打破地域限制，丰富自身的师资队伍，打造具有学术多元性的优秀教师队伍。

5. 专兼职结合

在大数据时代下，高校教师队伍完全由全职教师来构成显然是不现实的，建立专兼职结合的教师队伍更加符合高校的发展需求。当前相当一部分专职教师占有编制，一定程度上影响了高校内部人员流动。高校根据教学需求合理聘用兼职教师不仅能够补充高校的师资力量，还能突破传统人事固定编制的束缚。推进专兼职教师队伍的建设，可以推动高校内部人才队伍合理流动，促使高校的办学以及科研能力的提升，推进内部良性竞争的形成。以日本为例，日本某些大学师资队伍的构成甚至出现兼职教师比例高于专职教师比例的情况。我国高校在专职教师的基础上，要更加贴合社会，关注人才市场的动向与需求，合理聘用兼职教师，从而有效地利用市场上优质的人才资源。

高校实现专兼职教师的模式，有利于高校从社会汲取更多的人才力量，在内部教师队伍当中选拔、晋升优秀人才的同时，再向社会聘用人才，这需要做好内部教师培养工作，另外还要做好聘用兼职教师的工作。结合大数据信息高校的发展，高校要结合自身情况来编制教师队伍，通常来说，教师队伍应该留出四分之一至三分之一的教师岗位用作流动岗位，充分利用兼职教师的力量。兼职教师的来源不能局限在人才市场，高校还可以从科研单位、企业、政府等部门聘请专业人士。这些人士不仅有扎实的基本专业理论知识，还有丰富的实践经验，可以带来本校专职教师不同的教学效果。

（二）完善教师聘任制

我国高校在推进教师聘任制的人事制度上已经取得了一定的成果，不过仍然存在发展弊端。这些问题的产生主要是因为在大数据时代转变的过程中，各方面转变进度不一而产生的矛盾和冲突。高校教师职务的聘任建立在双方关系平等与法律契约化的基础之上。高校推进教师聘任具有双边竞争、双向择优的特点，不论是高校还是教师都应遵照契约完成自己的义务，同时获得自身的需求。这种聘任形式适合当前时代的发展，不论是高校还是教师个人，在公平的聘任关系之上，有着相对自由的选择权。

随着高校扩招规模不断扩大，我国高校学生数量逐年增加。在这种情况下，教师数量相对不足，通过专兼职教师聘任的方式可以有所缓解。不过在大数据时代下，随着高校之间的联系愈加密切，教师资源共享机制成为当前高校教育的一个热点。教师资源共享就是充分利用当前的信息传播优势，打破传统高校独立教师管理的封闭状态。实行高校教师资源共享，不仅仅是教师在多个学校任教，更可以利用大数据的信息技术优势，实行远程授课。这有利于解决教师分布不均衡、师资结构不合理的问题。不同教师的授课，也可以丰富教学成果，解决学缘结构"近亲繁殖"的问题。从另一个角度来看，高校师资资源共享实现的另一个途径是推进产学研合作。产学研合作将高校与企业联系在一起，企业与高校共同参与研究生的培养工作，这种合作机制也可以继续深入，有资质企业可以作为高校教学的实习合作单位。推进企业高校以及科研机构共同携手发展，分享人才资源实现人才共享。

三、革新高校教师薪酬体系

高校教师多以资历来体现自身的价值，高校也会根据教师的资历来将教师安排在相应的岗位上，但是这种方式并不能很好地激发教师的工作积极性。改革教师薪酬体系的目的是激发教师的工作积极性。所以，高校在确立岗位聘任时应以能力为标准，在发放薪资时也将教师的能力和表现作为薪资的参考。

薪酬体系不仅仅是为了稳定教师队伍，也是为了激励教师队伍。随着高校独立性的提高，教师薪酬中高校创收占据了越来越大的比重，所以，高校应该充分发挥薪酬的激励作用。在设置薪酬时，高校应该考虑到两个方面的问题：第一，教师的薪酬应与当地生活水平保持一致，确保满足教师的物质生活需求；第二，高校要设立绩效工资来体现优秀教师的价值，通过薪酬来奖励优秀教师，也激励其他教师积极工作，努力提升自身的能力。大数据时代下，高校不可避免地加入教育市场的竞争当中。这就要求高校教师的薪酬体系设置上不仅仅要考虑校内的公平性与合理性，还要参考外部竞争的状况。还应该考虑到，高校教师的专业和学科各不相同，由于市场的影响，高校教师薪酬水平也要根据学术劳动力的供需状况来发生相应的变化。所以，高校不同学科教师的薪酬也会存在差异，其变化会因为行业市场的情况而发生相应变化。

四、规划教师职业生涯

以往的观念认为个人职业生涯的规划是个人的问题，与单位组织无关。但是，在大数据时代高校要建立优秀的教师队伍，就应该为教师们的职业生涯进行考虑。设立教师的职业生涯规划不仅是为教师服务，更是设立了一个团队发展目标，为教师们的未来发展建立了目标，为教师提供了职业发展的方向，最终可以激发教师工作的积极性，进而建立优秀的教师队伍。

加拿大相关学者曾经将教师职业按照能力水准划分为五个阶段，分别为适应期阶段、成熟阶段、职业高峰阶段以及职业骨干阶段等。这种阶段划分是以教师的整个职业发展周期来制定的，几乎是每一个高校教师都要经历的职业阶段。而我国对于高校教师职业发展出现过两种观点：第一种观点将教师生涯分为三个阶段，分别为角色适应期、主要发展期以及最佳创造期。角色适应指的是青年教师熟悉高校教学的阶段，适应工作的过程通常需要两至三年的时间，才能走向成熟。另一种观点是分为了七个阶段，分别为适应阶段、成长阶段、高速发展阶段、平稳发展阶段、缓慢退休阶段以及平静退休阶段。其实，职业生涯规划的设计有很多，归纳起来都大同小异，都要经历自我认知、制定目标、自我与环境评估、职业选择、职业生涯策略以及评估反馈。

通过这六个步骤来对自己的职业生涯有一个清晰的认识，并设立发展阶段。对高校教师的职业发展引导首先要使高校教师正确地认知自我。高校教师制订自己的职业生涯必须要知道自己追求的是什么，自己生活的目标是什么。对自己有了正确的认知才能选择自己想要的事业，从而来确立自己努力的方向。有了目标就有了奋斗的动力，但是目标的设立应分为短期目标和长期目标，目标的设立要切合实际。接下来，就要以目标为自己的推动力，专心实现自己设定的目标，当完成一个短期目标时，就是向长远目标迈进了一步。通过自我与环境评估，高校教师分析当前所具备的客观条件，并结合自身的情况，从而对自己有一个相对客观、合理的评价和认识。通过职业规划，帮助高校教师发现自己的能力和拥有的环境资源，从而帮助自己找到最佳的路径。对高校教师来说，通过职业定位帮助教师制订属于自己的发展计划，寻找到自己当前存在的薄弱点以及自身的优势，思考自己是否真正热爱自己的职业，是否达到了人生道路与职业道路相匹配的最佳状态。

五、创设高校教师激励环境

（一）高校组织相关概念

高校管理通过组织功能完成日常运行工作，是高校组织对教师队伍进行激励的基础。组织由群体构成，具有群体性和分工性，组织的活动自然也是一种群体活动，组织活动的进行需要组织成员相互协作来完成。同时，要形成组织，就必须具备规范性和约束性。要提升组织内部的有序性，就必须处理好组织内部成员之间的关系，所以组织需要建立一个相对稳定的权利结构，以此来进行有序、规范的管理，进而对组织内部成员的行为进行规范。组织还具有目标性和定向性。一个组织没有目标就难以存在，正是因为共同的目标才吸引着成员的加入，才能够形成组织。

高校作为一个大规模的组织，由众多人员构成。学生、教师、行政人员、后勤人员等，他们有着各自的分工，在高校这个大组织当中发挥着不同的作用。总的来说，组织需要有共同的目标才能形成组织。高校的目标就是培养符合时代和社会需要的高层次人才，高校内所有成员都在为这个目标而努力，并根据自身情况来完成自己的职责。这样，高校内部才能形成规范的系统和分工合作的关系。组织并不是人与人之间简单的集合体，而是每一个人都发挥自己的力量，为了共同的目标而努力，同时，在组织系统中每一个成员都在进行不同的自我调整和发展。

（二）高校的组织结构

简单来说，高校的组织结构由领导决策部门、职能管理部门、教学科研机构以及辅助部门共同构成。我国高校在管理层级上，大多数分为校、院、系三个层级，部分高校采用的是四级管理层次。校长作为高校领导决策层的代表，以下为各院系主任和各学科教研室主任，形成直线式、上下层级分明的管理体系。如图所示。

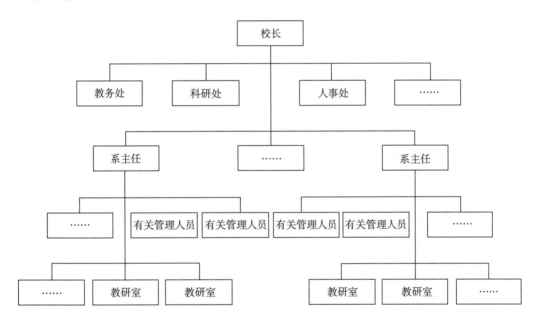

图 4 - 2　高校组织结构图

当前，我国高校大多采用这样的组织管理结构。随着大数据时代的发展，我国高校在组织管理上越来越注重各层级的独立自主权。上一级管理机构会将一部分权利交给下一层级，保证下一层级管理机构在进行组织管理工作时有更大的发挥空间。同时，这种分权制让各学科、各院系可以根据本组织内部的实际情况进行个性化的管理。

在具有一定的自主管理权限后，各院系可以更好地对本院系的教师队伍进行管理，在遵循校内管理制度前提下，院系往往会更加主动地利用信息技术加强与兄弟院系的合作。甚至有的高校下属院系自主与企业、科研机构进行合作，不仅提升了自身学术科研能力，还为本院系教师带来了更多的发展机会和经济收益。给予不同管理层级一定的自主权，充分调动各层级的积极性，不仅能够减轻高校上级管理机构的压力，还能获得更好的组织管理成果。

（三）统筹规划有效的激励制度

高校教师不同于一般的人力资源群体，对高校教师进行有效激励需要针对高校教师这一群体的特殊性来制定。高校人事管理部门应对本校教师队伍的特点有深入的了解，才能做到有的放矢。从行为科学的理论来看，激励手段所获得的激励动力来自行为结果产生的效价与期望值的乘积。当一个人认为某件事情值得做，同时认为成功的概率很大，那么这个人对于做这件事情就有了很大的动力。

那么，高校采用通过提高教师们的期望值的方式，来对教师进行激励，提升教师的工作积极性和热情。根据我国高校实际管理的情况，对我国高校教师采取的激励手段可以通过工作、目标以及强化三个部分进行激励。工作激励就是高校通过对教师的深入了解，结合教师的兴趣爱好，为教师提供一个可以充分发挥教师能力和精力的平台，从而对教师进行引导，提升教师对于工作的认同感和成就感，进而鼓励教师创造更大的价值与成就。每一个人都有自己内在的需求，高校教师作为高层次人才，对于自我价值、自我成就感提升的需求更为迫切。高校教师在工作时希望能够通过自己的能力来获得认同感，实现自我价值。可以说，高校教师的这种自我需求与高校的总体目标是一致的。所以，目标激励的方式就是高校要对教师进行引导，将其个人目标与高校以及整个社会的目标进行融合，实现集体目标的同时也实现了个人的目标。

所谓强化激励，就是高校运用管理手段对教师的薪酬以及工作活动进行调整，为教师提供更大的工作动力，从而实现更高的目标，产生更大的价值。随着大数据时代的到来，我国社会发生了巨大的变化。人们的价值取向也在发生改变，人们开始注重自我价值的提升以及自我人生目标的实现，所以，仅仅通过简单的激励手段是难以充分调动高校教师的主动性的。这要求高校在教师人员管理上要更加贴近教师，在物质与精神两方面给予教师足够的支持，特别是对重点学科和关键岗位，高校更要投入更多的精力。稳定、吸引人才是大数据时代下高校发展的基础，人才成为高校在新时代核心竞争力的重要组成部分。

大数据时代高校教师教学能力提升策略

第一节 大数据时代高校教师教学能力提升的对策

一、大数据时代高校教师教学能力提升的发展机遇

我国高校要实现发展，就必须对教师的教学能力予以重视，同时提升教师教学能力已经成为保障我国高等教育的一种制度性要求。所以，我国不论是社会还是高校层面，对培养教师教学能力都逐步加大投入。除了经济、政策的支持外，大数据时代下信息技术所提供的技术支持也至关重要。高校作为人才的产出地和聚集地，加强自身管理，建立规范科学的师资管理制度成为大数据时代下必然的要求。调动教师的积极性，提升教师的使命感，提升教师的教学能力，是高等教育必须解决的重要课题。有效提升高校教师教学能力成了社会共识，是高等教育实现发展的必经之路，是加强我国人才质量，提升高等教育水准的重要手段之一。

（一）社会提供机遇

在大数据时代下，人才成为国力提升、社会发展的重要动力，具有日益重要的作用。人才竞争变得愈加激烈，高等教育承担着培养符合我国社会建设需求的接班人的使命，任务艰巨，提升高校教师教学能力已经成为社会发展的必然要求。

1. 高等教育占据重要地位

科技发展推进了大数据时代的到来。当前来看，我国大力推进生物技术、新能源技术和信息技术等高新技术的快速发展，通过高新技术的发展而推动了人类社会的进步。大数据时代的来临表明了人类已经进入了以知识资源为主的时代，以知识作为核心表示人才资源成为重要的竞争资源。在当前这个年代，国家的核心竞争力指国家应对竞争的能力，这是一种国家能力的集合，其中包括了经济、科技和军事等多方面实力。在大数据时代下，高等教育的地位越来越高，甚至已经影响到国家核心竞争力的提升。高等教育是培养高层次人才的领域，人才资源是国家核心竞争力重要的组成部分。纵观世界发展的历史，每一次生产技术的变革都将引发人类社会的变革，而生产技术的提升得益于科学技术的支持。总结历史经验，可以发现一个国家想要国际竞争当中占据优势、掌握先机，必须将高等教育发展放在重要地位，甚至是放在优先发展的战略地位。

在大数据时代下，人类社会将比以往时代更加需要知识的力量，通过知识来提升社会的生产能力以及人民的实践能力。知识将成为当代人类社会发展的催化剂，社会生产难以离开知识的支持，知识成了科技、社会进步的核心动力。在此基础上，推动高等教育发展、建设高校教育已经成为当今时代国家发展不可或缺的手段。重视高等教育的发展，一方面可以直接提升我国科学技术的发展，推动国家经济、科技等方面的进步；另一方面，重视知识的发展将有利于教育公平的实现，以往属于精英资源的高等教育资源面向更多的人民群众，这样整个国家的公民素质将会极大地提升，人才资源将大大增加。在这种历史条件下，高等教育事业势必要大力推进发展，建设高等教育并进入社会中心。

西方学术界对于大学与社会的关系曾经进行过研究，并产生了三种具有代表性的观点。第一种观点是边缘说。这种观点认为大学位于社会的边缘，不应与社会的具体事务产生过多的联系，大学要为学术与培养人才而生。也就是说，这种观点将大学看作是社会的象牙塔。第二种观点是附属说。持有这种观点的学者认为大学是社会大系统当中的一部分，所以应该积极地服务于社会，发挥高校自身的优势为社会生产等方面做出贡献，从而推进社会的进步。第三种观点是距离说。这种观点的提出是由于在现代社会中高校功利化倾向愈加严重。这种观点就提出，高校在为社会服务，推动社会发展的同时，也应该与社会保持合适的距离，不要让高校的环境被功利观念所影响。大学是教学与科研发展的领域，教师不能被物质利益迷失了自我。这三个观点展现了大学与社会之间的发展过程，表明了社会与大学之间复杂的关系。

高等教育地位不断提高，进入大数据时代，人类获取信息知识能力不断提升，获取的总量也呈几何级数增加，信息获取来源和方式空前扩大。美国的 Paul M. Romer 提出了影响经济增加的四种要素。其理论核心就是将知识作为影响经济增长的重要因素。在大数据时代下，知识、信息和技术已经成为人类社会经济活动中的决定性因素。知识竞争成为竞争的基础，关于知识的竞争将会无处不在，不论是个人还是组织都可能面临这种挑战。我国大学曾经是位于社会边缘的象牙塔，如今已经越来越接近社会中心，高等教育的发展越来越受到关注，高等教育对社会发展的影响越来越大，而社会也在帮助高校实现发展。大学由边缘走向社会中心是历史发展的必然趋势，提升高等教育水平也成为必须践行的社会共识。

2. 高等教育国际竞争日益剧烈

科技水平的飞速发展促使大数据时代来临，人们传统生活方式、观念都在发生着巨大的变化。中国自然也进入到这股巨大的社会变革之中。二十世纪八十年代，党中央就已经将发展高等教育放在战略地位。当时邓小平同志已经对高等教育的发展提出要求，这为我国高等教育的发展奠定了重要的基础。如今看来，高等教育不仅仅是社会发展的重要动力，更是影响中华民族伟大复兴的民族前进推进器。Buton R. Clark 认为知识将成为人类社会演变的基础，而大学将成为人类社会的动力站。Hteodore M. Hesburgh 将大学看作是推动人类历史发展的机构。可以说，从宏观的角度来看，高校已经不仅仅是传播知识的机构，更是培养知识型劳动力的机构，而知识型劳动力将是推进人类社会全面发展的中坚群体。我们处于激烈的国际竞争当中，高等教育的发展必然加入国际当中。这就说明，我国高等教育不仅仅要进行自我内部革新，还要面对国际外部的竞争，但是从另一种角度看，内部与外部的竞争将会促进我国高等教育更好地发展。国际竞争使我国高等教育面临巨大的挑战,却也是发展的契机,需要我国大学在发展的道路上把握机遇、保持清醒。

高校竞争的核心就是人才。全球范围内人才资源的竞争都极为激烈,在全球性的经济结构调整当中,各国高校技术都在飞速发展,社会对人才的需求愈来愈大,同时对人才质量的要求也越来越高。世界多个国家纷纷将高等教育的发展定为国策,为高等教育的发展提供大量资源,采取多种教育改革方式,希望本国高等教育能够跻身世界前列。从世界范围内来看,人才资源成为社会重要资源,并吸引着各国投入大量资源与精力进行开发。

在国家内部培养人才资源的同时,很多国家还将吸引人才的触手伸向国际,大力提升引进人才的力量。在我国社会高速发展的今天,高等教育必然要成为引领我国社会发展的中心,在激烈的教育竞争当中,我国要获得有利地位必须要在人才竞争当中杀出重围,培养更多人才会有利于教育水平的提升。但是,我们也应该清楚地认识到,我国高等教育面临的挑战十分严峻,而发展高等教育的核心是确保高等院校教师队伍具有高水平。可以说,当前我国高校发展所面临的最大问题不是资源和技术能力,而是高校教师综合素养是否能够达到发展的要求。面临这样的挑战,就要求高校必须要建立一支素质过硬、高素养的教师队伍。提升高校教师能力,提升高校教师主动性、创新性,成为高校教育实现发展的必经之路。

高校之间的竞争,国家之间的竞争,将成为国际竞争当中不变的主题。可以说,各国高等教育的竞争将直接关系到科技、知识甚至综合国力的直接竞争。在全球化下,各国高校纷纷扩大影响力,吸引外国留学生的同时,还在努力争取优秀留学生能够留在本国,不仅带来了经济效益,更是丰富了国家人才储量。美国作为教育强国,每年都能够吸引大量其他国家的留学生,其中中国、印度等国家的留学生占据了美国外来留学生数量的很大比例。国家教育竞争力根据各国教育水平,将国家教育竞争力分为五个等级,由弱到强分别是教育弱国、教育发展中国家、教育中等大国、教育大国以及教育强国。而美国在国际教育竞争当中遥遥领先,成为教育竞争当中的绝对头号强国。英国、德国和法国等发达国家则位于国际教育竞争当中的前列。而我国仍然在教育大国和教育中等大国之间徘徊,还需要再进一步。当前来看,我国在教育方面投资的资源在人均指标与其占国民生产总值比例上,与发达国家相比都严重偏低。而我国综合经济实力却是世界第二大国。在教育领域投资资源偏低，直接制约了我国高等教育实现进一步发展，我国人才市场当前还处于发展阶段，在国际激烈的人才竞争之下，尚未成熟的人才资源市场将面临流失的风险，在激烈的国际竞争当中处于极为不利的地位。在高等教育和人才竞争当中处于不利位置，就将面临处于被动甚至是被吞没的危险。

高校之间的竞争主要体现在两个方面。

第一，是生源与资源支持的竞争。获得大量生源与社会资源的支持，将为高校带来最直接的经济力量，同时高校声誉也将提升，进而形成良性循环获得更多的生源与社会资源支持。

第二，就是高校自身教育质量与文化特色的竞争。教育质量与文化特色，不是单单靠资源投入就能够建立的。对于高校来说，教育质量与文化特色的竞争才是更为激烈的竞争。达到一定水准的高校不会为资源与生源担忧，但是教育能力与自身的文化特色将成为更高层次的竞争，这方面的竞争将直接决定高校水准的上限。即使是哈佛、牛津等世界知名高校也面临着巨大的竞争压力，也需要不断提升自身的实力。我国高校应不断进行反思，并采取积极措施面对压力，迎接挑战。

（二）我国高等教育发展的需求

在全球化趋势之下，高校的竞争将不仅仅是国内竞争，还将涉及与国际名校之间的竞争，这就要求我国高校的目光要由曾经的国内视野放眼到全球视野。国际高等教育竞争必然激烈，如何从中寻找到适合我国高校发展和改革的道路至关重要。树立新的观念，推行切实可行的改革方案，将我国真正变成教育大国，甚至是教育强国。

1. 传承与创新

在大数据时代下高校必须承担更为沉重的历史重任，除传授知识、进行科研工作之外，高校还要更加注重学生的个性化、创造能力的培养，这就对教师的能力提出了新挑战。其中，知识传承是知识创新的基础，知识传承为知识创新提供了阶梯，而知识创新又丰富了知识传承。在知识传承中学生的综合素养会得到全面的提升。

从宏观角度来看,随着时间的推移,知识领域的大师在离世前,如果没有将其发现的理论与技术传承,就可能会出现技术断代的风险,阻碍后世社会的发展。如果没有创新,文化传承就失去了意义,知识传承看似是培养人才、继承知识,但是从根本来看还是在为新知识的产生打下基础。

其中,高校教师不但是知识的传承者,也是知识的创新者。高校教师自身必须拥有高层次的教育背景和深厚的文化积淀。但是,在大数据时代下,仅仅这样是不够的,高校教师的创新能力也是教师能力的重要组成部分。高校教师承担着知识传承和知识创新的任务,知识传承任务体现在两个方面:一是教师对自己所掌握的知识要进一步提炼,加深对知识进一步认识;二是将知识传输给学生,这就是高校教师的教学任务。高校教师知识创新任务也体现在两个方面:一是在掌握知识的前提下,在学术领域进行下一步的探索,开拓新领域发现新知识;二是培养学生的过程当中,不仅仅要传输已有的知识,还要培养学生的创新能力。可以说,高校教师是高等教育发展的重要一环。

2. 高校管理提升为教师教学能力提升提供了条件

高校管理的目的是提升高校的教育质量。要打造高水平的高校教育质量,就必须要从高校教师层面入手。高校教师队伍建立的基础是教师的能力,注重教师能力的同时还要激发教师发挥更大的能力,这就需要建立教师激励机制。建立教师激励机制,对教师队伍采取科学、合理的管理方式,成为当前我国高校管理工作发展的共识。我国高等教育要实现重大发展,必然需要高校管理能力发展,建立高校教师管理体系,在高校用人制度方面进行重大的改革与创新。高等教育关系到民族的发展,有了好的教师才能有好的高等教育,我国高等教育才能在国际高等教育竞争当中立于不败之地。所以,教师的地位与待遇得到提升,教师权益获得保护才能更好地激发教师的能力,从而实现高等教育的发展。

我国高校在教师管理方面要建立以人为本、知人善用的管理理念,对自身的人才资源结构进行优化。建立科学、重视教师价值的管理体系,用待遇、环境、感情吸引人才、留住人才。这样的高校管理平台才能满足高校教师物质和精神双重层次的需求。高校管理正在向民主管理转变,高校管理层倾听教师关于高校建设的意见,会有利于建设透明、公平的高校环境。高校必须弘扬创新精神，充分地调动高校教师的积极性，为高校教师学术创新提供环境土壤。虽然当前我国高校在管理制度建设以及环境建设方面还有需要改善的地方，可是随着高校的发展，这些问题必然会得到解决，也为高校教师教学能力的提升提供了基本条件。

3. 提升教师教学能力是高校核心竞争力的需求

高校要在激烈的竞争当中占据有利地位，必须提升核心竞争力。高校的核心竞争力简单来说，就是高校所拥有的教育资源、教学技术实力、学术创新能力以及社会服务能力。高校通过有效的管理与组织方式，在整体架构以及办学文化等方面进行改革与创新。通过对某个或某几个要素的突破，来使高校在激烈的竞争当中获得优势。这就要求高校必须建立长期战略规划，对未来的发展设立目标，从而促进高校自身发展。高校人才的培养已经获得高校的重视，部分高校已经将人才资源的建设提高到战略规划地位，这表明高校教师教学能力发展已经迎来良好的发展环境。高校通过改善师资管理，提升教师薪资结构，为高校核心竞争力的建设提供保障。

核心竞争力是高校在教育竞争当中获得优势的根基，建立核心竞争力必须要对高等教育进行改革创新。高等教育的改革包括建立和管理师资队伍深入科研工作，积极投身社会服务工作等，对资源分配进行优化，实现我国高等教育的创新。当前，高校内部管理正处于改革转变时期，管理将走向科学化，教学也将打破传统模式更为创新，学术科研要求走在前沿，实现高校的科研前沿化，另外社会服务将要更为深入，实现社会服务深入化的目标。在大数据时代中，经济、信息都将对我国高校发展带来冲击。这种环境下，高校教师教学能力的提升虽然面临巨大挑战，可也是巨大的机遇。高校自身谋求发展的道路上必须要认真探寻社会发展态势，根据自身特点对自身进行改进和创新，最终建立高校核心竞争力。从高等教育大环境来看，我国高等教育面临着巨大挑战，形势不容乐观。正是因为这种严峻的形势，我国高等教育才要推进改革的脚步，在这样的情况下，我国高校教师教学能力发展也面临着巨大的发展契机。提升教师教学能力成为了高等教育核心竞争力的重要组成部分。

(三) 教师发展的必然需求

1. 教师自身的职业需求

高校教师是高校精神文化的缔造者，高校教师的能力水准直接决定了高校的上限，是高校核心竞争力的重要组成部分。社会对高校教师给予了较高的期望，特别是在大数据时代下，高校教师不仅仅要承担知识传授者的身份，还要担任学术、课程的研究者的身份。可以说，高校教师在当今的时代下，如果不能做到终身学习紧跟时代的话，是难以满足当前高校教育需要的。当前，高校教学形式和观念不同于传统教学，高校教师在教学过程中给学生传授知识的同时，还需要带领学生探索知识的海洋，培养学生的创新能力。高校教师整个职业生涯当中，必须始终保持自我更新。教师的自我更新意识已经成为当前高校教师必备的素养之一。在大数据时代下，知识爆炸、信息爆炸都督促着人们要不断学习、不断更新知识体系。高校教师在教学过程当中，已经难以再啃老本。任何教师都难以再局限于自己已学的知识当中，自主发展、终身学习成为当今时代的主流，也是对高校教师的必然要求。

2. 社会发展的需求

人类是社会动物，高校教师同样要融入社会当中。当今，高校所拥有的知识资源在社会与国际竞争当中有着越来越突出的作用。同样，高校拥有的学术资源、人才资源也成为社会所关注的焦点。人才资源作为高校的核心资源，想要获得提升归根结底还是需要通过高校教师能力的提升来实现。不过，当前我国高校教师的生存环境以及工作要求都在发生变化，教师所面临的挑战日益剧烈。大数据时代需要教师具有一定程度的计算机操作能力，信息技术的发展改变了教学形式，高校教学形式和内容变得愈加丰富，为高校教师在教学方面提供了更多思路，但是另一方面也让高校教师面临着巨大的挑战。这种观念和方式的巨大变化肯定会为高校教师带来很痛苦的职业转型。在大数据时代下，网络连通了世界各地，如何竞争、如何调整自身以及如何适应时代成为每一个人都要处理的难题。在时代所带来的压力之下，高校教师必须要提升自身教学能力，让自己能够适应时代要求。

二、大数据时代高校教师教学能力提升的对策

（一）国家层面

1. 政策支持，加大投入

当前，我国愈加重视高等教育的发展，相关的支持政策不断助力高等教育的发展。从大数据时代来看，国家应该继续完善对高校培养教师、推进教师发展的相关政策，增加高校更多的自主权。高校自主权的提升，可以增加更多适合教师的项目活动。同时，高校教师的地位应该有所提高，提高高校教师的社会地位，增强高校教师的自信心，在教学与科研方面勇于探索，提升教师更大的自主性。在大数据时代下支持教师参与信息化教学的相关培训活动，帮助教师适应大数据时代的发展，在教学内容与形式当中融入更多新科技，提升更多的教学效果。

在给予高校较高自主权后，国家对地区高等教育水平的发展应该实施监测，在地区建立符合地区实际教育水平发展的考核指标，帮助地区高校实现前进的目的。对取得优异成绩、在教学信息化建设方面有突破和贡献的教师要予以嘉奖，激励教师深入挖掘自身潜力。推进地方教育信息化的建设，大力推进政策的开展，让政策深入到高校教学的方方面面，以此来鼓励高校重视教师在教学能力方面的提升。由于各个地区情况不同，所以各地政府在制定政策时应充分地考虑本地情况，最终建立具有区域性特点的高校教育。

2. 加快资源及平台建设

当前发达国家在高等教育发展中，愈加注重教学平台的建设，在信息技术的发展基础下，开展教师教学能力提升相关项目。例如，新加坡的智慧国计划充分利用信息技术将各高校的资源有机整合，集中力量发展高校教育能力。我国应该借鉴这种形式，在大数据技术的支持下，推进高校与高校之间、高校与企业之间的深入合作，交换优质资源，对师资能力进行优化，建立合理、稳定的教师交流平台，突出

教育资源的重要性以及实用性。同时，应该充分地顾及教师的想法，建立数字化图书部、建立各学科网站等，满足高校教师教学、科研需求。充分地发挥我国政府的优势，在高校整合资源方面牵线搭桥，减少中间环节，用最少的消耗建立规范、畅通的高校资源交流平台，为高校教师提供丰富的教学资源，推进我国高校教育的发展。

3. 转变思路

我国当前高校建设还有较长的道路要走，特别是大数据时代下高校信息化建设以及师资建设等多个方面，都需要进一步加强。当前，高校内部各部门在职责关系、组织关系方面还较为复杂，权利相互制约，最终影响了教学与科研能力的提升。高校内不同的机构组织必须要职责分明，为高校教学工作和科研工作做好准备。从政府角度来看，政府分管高校教育的相关部门首先应该转变观念，要让高校掌握更多的自主权，同时对高校内部的组织结构发展进行引导，帮助高校建立合理、规范的管理模式。政府给高校提供资源支持和基础建设的观念已经过时，政府必须转变观念。政府在高校教育引导方面应该担任战略规划性角色，整合可利用资源。高校管理观念的转变从政府由上而下地展开，打破传统的教育和管理惯性思维。从实际出发，政府完成转变让高校获得更多自主管理权力，同时高校也会自发积极地进行管理观念的转变。

（二）高校层面

1. 设立专门教师发展机构

在大数据时代下，高校教师教学必然要充分利用信息技术。发达国家在高校教师教学发展体系的建设方面已经达到成熟阶段，通过大数据的技术优势给教师能力发展提供便利，帮助教师获取更多的教学资源，丰富教师的知识储备并提升教学能力。在大数据技术支持下，教师发展中心开展活动可以更为便利，将工作坊、小组讨论等方式放在线上进行。这就打破传统模式下开展教师发展项目会受到时间和空间的限制，可以大大地提高教师发展活动开展的频率。当然，要实现这些项目活动的前提是应该建立独立的教师发展机构。

首先，需要高校管理层转变管理思路和观念，对教师的教学行为进行引导，建立教师发展机构需要从教师的实际需求出发。教师发展机构不是管理教师，而是为教师提供服务，帮助教师获得教学能力的提升。教师发展机构一方面要提升对教师的关注，充分地了解教师的发展需求，邀请优秀教师或专家为教师们提供个性化帮助。另一方面教学发展机构必须建立教师发展档案，对教师的教学情况进行记录和跟踪调查，帮助教师优化教学方法和策略。其次，高校要对资源进行整合，为提升教师教学能力和建立优秀师资队伍做好准备。高校教师发展机构必须明确自身定位。高校也要对教师发展中心予以足够的支持。高校对校内资源进行整合，推进高校教师发展机构获得进一步提升，加强对高校教育与学术的研究深度，积极开展教师教学评价活动，为教师交流提供平台。

高校教师教学能力提升除了需要外界帮助外，更需要教师自身不断进行反思。教师发展机构要设立引导教师审视自身的介入模式，帮助教师发现自身存在的教学问题做到有的放矢。最后，高校教师教学能力提升应该建立灵活、长期、有效的培养机制。当前我国高校在教师培训方面存在的问题是形式、内容单一，组织松散，难以真正地获得有效的成果。所以，高校教师发展机构组织活动必须要丰富内容和形式。教学能力提升不是一朝一夕就能完成的，必须要长期、持久地进行。开展高校培训活动时，教师发展机构应该注意职前培训与在职培训的区别，对不同的情况提供不同的内容。职前培训更侧重理论培训，而在职培训更为重视教学实践。还应该考虑到教师的时间安排，创新教学模式和内容同时兼顾到教师个体的特殊情况，建立有针对性的高校教师培养模式。教师发展机构对教师培训时注意线下模式与线上模式的结合，线下培训所获得的学习效果会更好，但是线上培训更为方便。两者实现平衡会取得更大的培训成果。

2. 建立评价体系

建立科学完善的高校教师教学质量评价体系，可以更为客观呈现高校教师教学质量和能力，从而帮助教师提升自己的教学能力，修正教学当中存在的问题。建立相应的教学质量评价制度是建立教师激励制度的基础，在大数据时代下建立全面的教师教学质量管理制度是确保提升高校教学质量的基本措施。

首先，高校必须建立完善的教师评价体系，改变传统单一的教师考核量化标准。高校教师评价体系可以建立全面的评议方式，通过教师互评的方式达到客观评价的效果。为了让评价更为公正，还可以选派学生代表和其他高校教师加入评价当中，以建立科学合理的教学评价体系。在对高校教师教学质量评价指标制定过程当中，高校要考虑到教学活动中众多复杂的因素，还要考虑到不同专业、不同学科等因素，这些都会对评价结果产生影响。所以，在教师教学评价方面，制定客观可行的量化指标十分重要。评价过程中高校要充分调动教师参与评价的积极性，评价不但要有教师、学生的评价，教师自己也应该进行自我评价，来确保评价结果的客观、公平。其次，高校要紧跟时代发展，注意政策导向。高校开展各种教学发展、教学竞赛等活动时，如果能够紧跟政策将会为教师提供更多的资金和政策支持，可以更好地调动教师参与的积极性。高校教师发展中心要重视教师自我审视的作用，增强教学发展项目的创新性，加强教师自我审视的效果。

最后，高校应该建立长期、灵活的教师培养机制。教师教学能力培训是提升教师教学能力最直接的方式，由于高校在管理观念以及管理方式方面仍存在缺陷，我国高校在对教师发展机构建立和管理方面仍存在问题，导致高校教师教学能力提升效果大打折扣。这就要求高校教师教学发展中心建立丰富多样的培训模式，进行持续有效的教学活动。不论是职前培训还是在职培训，要实现有机结合，抓住培训重点，根据不同教师群体设定符合该群体的培训方式。在大数据时代下，高校利用技术优势更有利于建立良好的激励环境，在国家政策的支持下提升高校平台水准，为教师教学评价体系建立提供技术支持。高校对资源设备合理规划，优化高校内部资源，对教学进行科学化管理，满足高校教师教学能力提升的需求。营造良好的高校教师学习氛围，给教师提供丰富的学习机会，实现提升教师教学能力的目标。

3. 科教融合，教学创新

在大数据时代下，知识更新速度加快，高校教师面临着巨大的知识更新压力，高校教师必须始终站在学术发展领域的前沿。高校教学活动属于学术活动，作为高校教师在教学方面的能力也应以学术标准来要求。科教融合指将教学和科研实现有机融合，充分利用科研的优势，将科研的力量应用人才培养当中，提升高校教学的效果。

实现创新，加强科教融合，首先需要加强教学与科研的互动机制，丰富教师的科研活动。这样可以直接提升教师的学术研究能力，同时也可以促进教师教学能力的提高。高校通过引导的方式实现学术与教学的结合，将资源引入到一线教学当中，为师生进行学术探究提供保障，利用大数据技术手段，不断进行总结，积极开展和参与网上学术论坛。其次，高校加强信息技术与课程研究的融合，对高校教学模式进行优化创新，鼓励教师建立先进的教学观念，运用多种教学方式。教师在课堂中创新教学方式，获得更多教学反思，深层次地运用信息技术在教学当中的优势，可以有效地调动学生积极性。大数据时代为教学发展提供了巨大的优势，有利于建立新型高校教学模式。最后，高校应该加强精品课程的建设，并利用大数据时代的技术优势，推行线上课堂。高校要把握时代优势，利用政策引导响应国家建设网络开发课程的号召，利用信息技术建立精品线上课程。通过在线精品课程的建设，高校学生可以深入学习，提升教学效果；而教师则可以相互学习，分析课程利于交流。在高校课程当中大力推进大数据技术的应用，将会使高校教学产生翻天覆地的变化。

（三）教师层面

高校培养高层次人才是高校的根本任务，也是高校社会价值的重要体现。不论是高校的人才培养、社会服务、文化传承还是国际交流，教学工作都应该放在首位。这种情况，就要求高校教师首先应该牢记教师的使命。大数据时代对教师提出了更高的要求，教师一方面要树立身为教师的责任感和使命感，课堂教学中倾听学生的声音，提升自身的思想高度，加强教学能力的提升，成为一名合格的高校学生成长的引导者；另一方面，高校教师应提升自身的道德素养，深入学习中国特色社会主义核心价值观，树立终身学习的理念，发扬为中国高等教育发展发挥作用、做出贡献的精神。其次，高校教师应正视自己，对自身有正确的定位，转变自己的观念。在数据时代下，高校教师必须树立信息化教学的观念，认识到大数据时代进一步发展的必然趋势。面对新时代应该摆正心态，积极学习新技术、新理念，转变传统思维，融入大数据时代的浪潮当中。最后，高校教师要努力提升自身的教学能力，转变重科研、轻学术的不良心态。教师在日常教学当中注重积累，做好教学反思工作，积极参加教学相关培训。特别是在大数据时代下，不论是国家还是高校都在积极鼓励教师提升教学能力，高校教师更应该把握机会，养成良好的教学习惯，快速成长为适应时代发展的高校教师。

三、大数据时代高校教师教学能力提升的未来展望

（一）教师实现自主发展

终身学习已经成为社会共识，在未来作为高层次人才的高校教师必然贯彻终身学习的理念实现自主发展。在大数据时代下，传播信息、共享能力必然越来越强，人们对于知识的需求度将会更高，在这种情况下，高校教师不能适应时代完成自主发展，必然会被淘汰。所以，高校教师在未来必然会更加注重学习新知识。在自主发展的基础上，教师的教学能力将会提升，我国高校建设的核心力量就是高校师资队伍的建设。教学工作作为教师基础也是重要工作，将是教师在人才市场中的立身之本。在大数据时代教师无法再吃老本，必然要不断学习，不断提升自身的教学能力。高校对教师的要求也会相应提高，在这种情况下，高校教师在岗位竞争方面也会更加激烈。为了获得更好的物质生活，实现更大的社会价值，高校教师必然要进行自主学习，加强自身教学能力的提高，丰富自己的教学形式，充实教学内容，对学生的动态投入更多关注。教师将会适应发展，将自己的个人发展目标与高校发展融为一体，实现共同发展。教师在高校合理的师资管理体系以及教师发展机构的服务下，会更好地处理人际关系，教师之间建立平等、相容、互利的关系，塑造积极向上、自由平等的学术环境。

（二）高校平台和管理体系建设能力提升

高校在未来的发展必然要更加完善，特别是师资队伍管理方面必然会树立以人为本的理念。高校将会建立完善的高校教师发展机构，教师发展机构将会实现自主化、实践化和创新化，在高校教师自身努力的前提下，教师发展机构将会竭尽全力

为教师服务。高校教师发展机构的建立和完善要以高校获得更多的自主权为前提。高校在未来将会实现独立，政府可以放手将师资管理和教师能力提升等事务交给高校，高校将会根据本校实际师资队伍发展需求来设定相应的活动项目。高校实现自主管理，将会统筹资源，在教师激励制度方面进行完善，进而做好引入和稳定人才的工作，进一步提升高校的教学能力和教学质量。同时，在教师考评制度方面将会做到客观、公正、透明。在大数据时代下，高校会利用技术优势建立线上校园平台，将高校打造为智能校园。充分地发挥线上技术的优势，推出具有本校文化特色的在线精品课程。通过在网上平台为教师创建相互学习、相互交流的机会，打破时间、地域的限制。教师发展机构会建立教师教学档案，将教师教学质量变化以及教学水平记录在档案当中。教师通过档案可以进行教学反思，进一步提升自己的教学能力。教师发展机构设立的活动项目内容将会极大丰富，教师根据各学科、个人需求，选择想要参加的项目，在活动当中每一位教师都是平等的，讨论交流当中既提升了教师的教学能力，还充分地考虑到教师的个性需求。

第二节 大数据时代高校教师教学能力提升策略的形成

一、高校教师教学能力提升策略形成的内因

高校教师教学能力提升效果和教师个人内在因素有着密切的联系，教师个人的思想素养、知识素质、能力素质以及身心素质等，都关系着教学能力提升的效果以及如何建立教学能力提升策略。

（一）思想道德素养

我国高校当中重科研、轻学术的风气一直存在，部分高校教师认为学术科研可以取得更多的学术成果，更利于职称的提升以及个人学术成就的提高。特别是青年

教师，青年教师面对物质生活的压力更大，更加希望自己能够更快地获得职位和职称的提升。特别是青年教师有着丰富的精力，希望能够早日在学术界有所作为，更加希望完成更多的科研工作，导致部分高校教师对于教学工作并不十分喜欢。从根本上来看，高校教师，特别是刚毕业的青年教师，还没有意识到高等教育的重要。从教学实践当中来看，教师的思想道德和职业道德将会对高校学生的成长产生重要的影响，教师的一言一行会在潜移默化当中影响着学生三观的塑造。部分高校教师并没有接受过系统的马克思主义理论学习，就难以汲取马克思基本理论所转化的坚定信心，没有坚定的信念和道德素养，高校教师在工作中就会受到拜金主义、个人主义等不良风气的影响。这样风气的影响下，教师就容易出现学术不端、团队意识淡薄甚至是收受学生贿赂等严重问题。另外，部分教师忽视了高校学生的自主性和创造性。高校课堂教学不仅仅是知识的传授，还应该具有开放性和多样性。教师个人的素养存在问题，不具备坚定的教学信念，就难以完成高校教育目标，更不能培养出高层次的人才。

（二）知识水平的影响

高校教师是高校教学建设的基础，高校教师的专业知识对于高校专业建设有着重要意义。但是随着时代发展，高校教师的知识水平已经不仅仅是专业知识，高校教师的知识水平应该具有三个层次：一是具备跨学科的科学素养和人文素养；二是具有教学能力，可以开展教学活动；三是对学科专业有深入的研究，对于学科的历史和发展有所了解。作为大数据时代下的高校教师，必须具有这三个层面的知识水平。由于知识水平的要求，高校教师就需要在这一方面实现提高。

（三）能力素养的影响

培养人才是高校教师的职责，教师个人的能力对人际关系有着重要的影响，高校教师建立良好的人际关系，可以在教学和学术研究上都取得良好的成果。在良好的人际关系当中，高校教师可以获得人际资源所提供的力量。建设学术环境、提升能力素养，教师个人的学术视野和学术理念都得到拓宽和更新。在这种环境下，高校教师的创新能力和创造性思维才能发挥作用。所以，高校教师不仅要具备学术研究能力结合高校教学能力，处理人际关系能力也是高校教师应该具备的。特别是在大数据时代下，人们获取知识信息的途径愈来愈方便。而高校教师由于在高校工作，从事相对单一和独立完成的工作，缺少人际交往的机会。特别是具有强烈自尊心或是倾向于独立完成工作的高校教师更是如此。每一个人都希望可以获得他人的平等对待，可是高校教师由于担任的是高校学生专业发展和思想成长的引导者的角色，所以在与他人接触时往往会不自觉地变得强势，待人接物方面不够圆融。其实高校教师也与其他人一样，希望获得性情相投的朋友。纯洁的友谊是人人都向往的，但是通过深入认识交往，发现对方在某些方面并不是自己所期待的，就会对人际交往产生挫败感，导致个人在渴望交往和自我封闭之间徘徊，具有这种矛盾情绪的双重性。高校教师与人交往，建立良好人际关系的能力是高校教师适应社会生活的能力体现，通过与他人的接触，获取更多的信息，找到与自己志同道合的朋友，最后建立核心的高校人际交往氛围。

高校教师的教学能力是高校教师实现培养人才这一工作目标必须具备的基础能力。对于高校教师来说，教学技能是可以通过学习与练习建立属于自己的教学行为系统。高校教师的教学行为系统包括教学设计能力、课堂教学能力、作业检验能力以及专业指导能力等。这些都是作为一名教师所必须具备的基本技能，是实现高校教学创新和发展的基础。当前我国高校教师队伍当中，相当一部分教师并不具备师范类教育背景，没有接受过系统的教师职业能力训练。这样的教师虽然有着优秀的教育背景，但是并不熟悉教学工作，不了解学生，更不知道如何规划一堂课程。教学技能难以满足教学需求的教师就难以满足高校的教学需求，必然会影响高校教师队伍教学能力整体水平。高校教师队伍的这种现状也决定了高校必须重视高校教师教学能力的发展。

高校当中各个院校专业在科研方面的水平将会直接影响到高校的办学能力和综合影响力。另外，高校科研能力对高校教师能力的提升也会起到重要的作用。高校教师在科研工作当中需要具备沉稳的心态，专心研究切勿急功近利，这种沉稳的心态不仅仅是科研所需要的，教学工作也同样需要。高校虽然要为社会服务，但是高校教师不能在学术中做到长久持续钻研，最终难以获得成果。另外，随着学术研究和教学工作的深入，高校教师往往会产生自卑的心理，特别是对事业刚刚起步的青年教师来说更是如此，主要的原因是教师觉得自己的专业知识不够深厚，难以在学术领域进行深入研究。不论是浮躁还是自卑的心态，都会影响教师在教学和科研工作当中的工作效果。高校教师只有不断完善自己的专业知识结构、提升教学能力和调整积极的状态迎接高校教学改革，才能够在大数据时代下的教学要求中立足。这也是高校教师必须提升教学能力的时代要求。

（四）心理素质的影响

高校教师拥有健康的身心状态，才能更好地投身于高等教育事业当中。中青年高校教师是高校教师队伍当中的生力军。当前，我国高校当中 75 后和 80 后成为教师群体的主力。这些群体有较强的学习能力，对新事物有着很强的接受能力。中青年教师群体普遍对生活有更高的追求，希望能够在职业生涯当中创造更多的成就。当前，中青年教师在外兼职成为较为普遍的现象，兼职工作会分走教师一部分的精力和时间，有些教师甚至忽视了高校的本职工作而忙于兼职工作，影响了高校教育工作的落实。不过，从另一角度来看，能够承担兼职工作表明教师能力受到社会认可，有更多的精力去获得更多的经济收入来提高自己的生活水平。更重要的是，兼职工作让高校教师有了更多的实践机会，建立更多和社会交流的机会，对高校教师来说是重要的累积。高校教师在高校工作与兼职工作之间做到平衡，是高校教师必须处理好的问题。

高校教师并不都是一帆风顺的，每一位高校教师都有各自不同的人生经历。随着社会发展，物质生活水平也在日益提高，高校教师特别是中青年教师承担着较大的生活压力，这就对教师的心态造成了不良的影响。当前，我国中青年教师当中，特别是青年教师大多为独生子女，成长环境相对优越，这就导致这些教师在做事或考虑事情时容易以自我为中心。这样的心理影响下，教师在工作当中就以自我为主，无法与他人建立良好的联系，缺乏团队意识，同时，这种心态下教师的心理承受能力也较弱，在一定压力下会产生沮丧或放弃的负面情绪。另外，过于以自我为中心，在高校教学当中，教师容易出现一言堂或自说自话的情况，忽视学生的反馈情况；而且在这种心态下教师会傲慢、目中无人，在向他人讨教学习时没有谦虚的态度。所以，高校教师需要建立健康的心态。这表明，高校教师教学能力的提高不是单纯的教学能力提高，还需要教师各方面得到提高。

二、高校教师教学能力提升策略形成的外因

实现高校教师教学能力提升这一目的，不仅仅要做好自身，还需要多方面因素的支持。高校教师教学能力提升策略的形成也有其外部因素。从外部因素来看，高校教师工作、生活的环境以及社会环境等都在每时每刻地影响着教师，推进外部环境的建设有利于教师教学能力的形成。

（一）高校环境对教师教学能力提升策略形成的影响

当前，我国高校都在发展自身的文化特色，高校积极打造适合自身的重点学科。由于高校有各自的特点，同时拥有的资源也不同，因此不同的高校也承担着不同的社会期望，面向社会输送着个性不同的人才。高校教师作为高校的职工，必须遵守高校的管理制度，并且受到高校政策、文化氛围以及员工薪资待遇方面的影响。这些影响对于高校教师自身的成长都十分巨大。

高校推行的政策直接影响着教师，高校建立可行的教师培训制度可以给教师提升教学能力提供支持和信心；相反地，推行制度不合理，必然影响教学能力提升策略的形成。所以，两者有着最为直接的关系。在传统高校管理模式下，高校对教师的培训方面投入不足，没有引起足够的重视。随着大数据时代的到来，我国高校越来越重视对高校教师教学能力的培养。部分高校已经建立教师发展机构对教师进行服务，以满足教师提升教学能力的需求。而有效的措施和策略是以高校政策制度建设为前提，高校管理者应是最了解教师需求的，高校管理制度将以人为本作为基本思想，关注教师的发展需求，这就促使提高高校教师教学能力策略十分人性化，科学化。高校建立的发展平台将影响高校教师教学能力提升策略形成。传统人力管理方面，高校教师职称评定、职业进修等都需要考查资历深浅，而将能力放在后位。要适应时代发展，高校必然要扭转师资管理理念和方式，教师教学能力发展平台必然要建立完善，在教师激励制度和培养进修方面将以教师能力作为衡量标准。传统人力管理模式都是高校花重金引入高学历、高职称的人才，可是真正在入职后培养

出人才的情况却较少。大数据时代下这种方式显然行不通，为教师教学能力的提升提供便利，培养本校人才才是根本大计。高校为教师提供的环境另一种方式就是高校文化氛围。高校文化氛围不仅影响着高校学生个人思想素养和个人行为的塑造，而且高校教师在高校文化氛围当中也受到影响，不论是行为还是心态都会有所变化。随着时间的推移，高校文化会愈加深厚，最后形成属于高校独有的文化特色。但是，并不是所有的高校都有着悠久的历史。其实，建立高校文化氛围不仅仅取决于高校的发展历史，更重要的是和高校的风气有更大的关系。教师队伍教学能力提升、教师队伍综合素质提升必然会推进高校文化氛围的发展。所以，高校教师教学能力提升策略的产生，必然带来师资队伍能力的提升，而策略的产生必然会受到文化氛围的影响。教师能力与高校文化氛围是相互影响的，文化氛围为教师教学能力发展策略的产生提供了动力和条件。

（二）社会环境对教师教学能力提升策略形成的影响

高校教师能力是高校核心竞争力的重要组成部分。我国要发展高等教育，必然要促进高校教师教学能力的提升。我国不断推进高校教育水平的发展，特别是在改革开放之后，科教兴国战略大大提升了知识分子的社会地位，教育承担了更多的社会责任。我国高校纷纷紧跟政策引导，提升自身的竞争力，发挥高校的价值。在这种时代环境下，高校教师必然要提升自身的教学能力来适应社会的发展需求。

第三节　大数据时代高校教师教学能力提升策略分析

高校教师教学能力提升策略可以直接帮助教师提升教学能力，可是当前在制定策略方面很多高校仍然没有头绪，其实制定策略可以从以下几个方面来考虑，作为制定教学能力提升策略的指导思路。

一、设定基本方向

高校设定基本发展方向和基本制度不仅仅需要高校单方面努力，还应该鼓励教师参与其中，高校组织和教师个体共同努力，达成双方认可的制度和策略，这样才能实现良好的效果。而这种共识就是需要确立以教师为主体的基本观念，作为提升策略制定的基本方向。高校在传统管理制度下虽然也对教师的教学能力的提升投入过资源，并组织过相应的活动，但是很多活动不论是在内容上还是形式上，都将教师当作被动接受知识信息的对象。教师个人在这种活动当中自主性难以被激发，导致效果很差。在这种模式下，不仅高校教师的教学能力提升效果很小，而且教师的时间和精力被占据，还容易引发教师的反感。教师面对这种集体化、统一化的教学能力培训会，即便兴趣缺失也必须参与，因为在传统管理模式下，高校都是以行政式、职级分明的管理方式来对高校教师进行管理的。也就是说，这种模式的教师教学能力提升方法是强制性、被动性的。在这种情况下，教师不得不去参与项目活动，最终教师花费了大量时间却没有提升自己的教学能力。这种花费资源、精力以及时间却得到了适得其反的效果，显然是高校不愿看到的。高校在对师资队伍进行培训之前，必须要根据师资队伍的实际情况，规划教师教学能力培养制度。在科学、符合实际的制度规范之下，高校教师能力发展机构贴近教师，为教师提供有效的教学能力提升活动，通过活动项目来实现培养高校教师教学能力的目的。

二、建立良好的学术生态环境

可以说，高校内部的学术生态环境在无形当中影响着每一名师生，良好的学术生态环境可以为教师教学能力提升策略有效实施提供土壤；相对地，学术生态环境恶劣，教师不能沉下心提升教学能力，任何教学能力提升策略都难以有效开展。随着我国社会经济水平的发展，各大高校迅速扩招。很多高校近年沉迷于扩大生源，购置资产等提升自身经济能力的活动。经济能力对于高校来说固然重要，可是高校终归是培养高层次人才、研究学术发展的领域，在规模扩大方面投入过大的精力必然影响学术和教学工作的管理。实际上，我国高校近年来学术生态环境受到社会不良风气和思想的影响，已经出现恶化，导致了社会对高校日益恶化的学术环境发出不满的声音，严重地降低了我国高校的社会评价。不论是学术行政化还是学术考评数量化等恶劣情况，都降低了社会对高校的评价。高校从曾经令人向往的象牙塔变成了拜金媚俗的学术染缸，高校形象有损的背后有诸多原因。高校教师为了提升职称或更大的发展往往会随波逐流，在学术领域进行恶性竞争，这种市场化的学术环境所营造的必然是虚假的学术繁荣景象。这种学术繁荣假象危害深远，教师无心提升自己的教学能力，一味去琢磨如何投机取巧钻学术领域的漏洞来获得利益。这种恶劣的学术生态环境不仅仅拉低了高校形象，更会严重侵蚀高校教师的思想。高校教师是高校核心竞争力的重要组成部分，教师无心学术研究和教学能力的提升，高校核心竞争力将会下降，高校在激烈的竞争当中必然被淘汰，甚至会影响到我国高等教育事业的发展。因此，建立高校教师教学能力提升策略，需要营造良好的学术生态环境，在良好的学术环境下，高校教师在教学能力提升方面会更加投入。这需要高校完善管理，建立健全合理的教师聘用、考评机制，推进高校改革的脚步。营造良好的学术生态环境甚至会使高校教师在学术钻研和教学当中获得精神享受，从而进一步激发教师提升教学能力的自主性。

三、高校教师教学能力提升建立教学自由的原则

高校当中本就应该建立自由平等的学术风气，教学自由是推进教师教学能力提升的基本条件，在自由的教学原则之下，教师会更加轻松，有利于实现教学创新。我国高校长久以来都以行政手段管理高校，在这种刚性管理的环境下，高校管理可以自上而下有序管理，建立相对稳定的管理体系。但是在这种刚性管理的环境下，高校教学必然会受到极大的束缚，教师的教学自由难以发挥。高校教师难以拥有教学决策权利，在这种管理环境下，甚至部分课程应该如何完成都设置了框架，高校教学本就不同于初高中教学。高校教学不仅仅要传输专业知识，更要在课堂中激发学生的创新能力，增强学生学习热情。要实现这个目标就要打造自由、具有个性化的高校课堂。同时，教学活动本就是一种需要创造性的活动，课堂教学丧失了自由

的教学环境，高校教师的教学发挥必然会受到限制。从另一层面来看，这种管理方式下，教师在教学当中不能充分地发挥自己的能力，也难以表现自己的激情，不利于教师在教学实践当中获得提升。高校要为教师教学能力提升策略的实施提供一个自由的教学环境，在这种环境中相应的策略才可以更好地实施。

四、师资管理制度

高校教师教学能力提升策略的推行需要制度的保障，从根本来说，我国高校教师的教学能力得到提升，将直接提升我国高等教育水平。建立高校教师教学能力培养制度需要国家、地方政府和高校共同来完成，高校教师教学能力提升策略需要制度作为保障，所以国家、地方政府和高校需要为教师教学能力发展保驾护航。

第四节　大数据时代高校教师教学能力提升策略的探索

从当今时代来看，提升高校教师教学能力是大势所趋，甚至已经成为一种制度性活动，需要高校予以足够的重视。为了提升教师教学能力，不论是国家还是高校，一直都在这一领域进行探索，寻找适合我国高校的发展方式。

一、制度建设是高校教师教学能力提升策略的必要条件

（一）高校教师教学能力提升制度建设方面的探索

我国高校响应国家号召，在 20 世纪末开始推行扩招政策，如今我国高等教育规模逐年扩大，截至 2012 年时高等教育毛入学率已经达到了 30%，如今这个数值仍在不断提高。可以说，我国高等教育事业仅仅用了二十年的时间，在规模上就已经达到了西方发达国家高等教育的层次。这是我国国家大力发展高等教育的显著成果，

而这也是高等教育发展制度不断推进深入所获得的成果。高等教育的快速发展，推动了高等教育大众化时代的到来，更多的人民掌握了知识，提升了整个社会的受教育水平。但是在高等教育急速扩张同时也伴随着教育质量的下滑。教育质量的下滑是当前不得不面对的问题，政府和高校都已经意识到这个问题，所以也不断在高校教师教学能力的提升方面深化改革，提出了内涵式发展道路。这一道路的发展核心是注重高等教育的质量，也是我国真正成为高等教育大国甚至强国的重要保证。

可以说，我国高校想在当今时代立足，就必须将教师能力的提升放在重要位置。

在发展的过程中，注重规模的扩展同时还要兼顾软实力的提升。高校竞争力的判定不仅仅是规模大小，更需要具有高水平的教育质量。对于高校来说，规模扩大仅仅提供了经济基础，而教学质量才是高校发展的核心竞争力，这也是高校发展的特殊性体现。中国特色高等教育发展道路必然会将质量放在发展的核心地位，这是高校必须注意的，质量至上也是高等教育内涵式发展的要求。

如何提升高等教育的质量成为当前高校关注的问题，在思考这个问题之前，我们需要先思考高等教育建立的目的和任务。高等教育最根本的目的是培养人才，而且是高层次人才，培养人才最直接的方式就是教育，通过教育升华一个人的思想和精神，通过教育向学生输送专业知识和技能，教育工作是培养人才的基本手段，也是最重要的手段。

衡量一所高校的能力和水平，教育质量是其中最为核心的标准。当前来看，影响高校教育质量的因素有很多，其中，高校教师教学能力是其中重要的因素之一。高校教师对待学生应该做到公正平等，同样，教师对待自己也应该要有一个正确的认识，教师的专业知识就像是一桶水，如何将这桶水传递给学生，是值得深思的问题。教学过程不是教师的独角戏，需要教师与学生共同参与双向互动才能产生效果。教师向学生输送知识的过程就像花匠将水灌溉即将成熟的花朵一样，高校学生是社会未来重要的人力资源，如何引发学生的思考，如何让学生能够更快地吸收水分，这些都需要教师具备高水平的教学能力才能实现。良好的课堂教学不仅学生受益，教师也会在教学当中获得进一步的提高，在学生的反馈当中反省自身教学的得失。

从我国高校实际发展来看，由于大规模的扩招，高校师资队伍难以满足教学需求，所以更多的青年教师走上高校教师岗位，建立了一支支具有活力的青年高校教师队伍。青年教师的增加，提升了高校师资队伍的活力，青年教师不但有深厚的教育背景而且有更强的学习能力，思维更为活跃，更具有创新思维。特别是在大数据时代下，青年教师具有更强的好奇心，对新鲜信息和知识有着更为敏锐的捕捉能力，这都是青年教师的优势。不过，青年教师相应地缺乏经验，特别是教学能力方面还有很大的提升空间。另外，由于高校师资队伍缺口较大，聘任教师时有时会忽略教师是否具有教学专业的培训经历，而是更为看重学历和教育背景。教学经验不足的教师不能深入地了解学生心理，即便拥有再渊博的知识也难以将知识有效地传输给学生。高校教师的教学能力不仅仅关乎高校的核心竞争力，更成为整个国家所关注的问题。

高校教师特别是青年教师的教学能力强弱直接影响了高校教学成果能否实现，直接影响着我国高等教育的发展。高校注重内涵式发展已经成为时代要求，也是高校必须践行的前进路径。要实现高校内涵式发展，就必须提升教学质量；提升教学质量，就必须要解决高校教师教学能力的问题。从宏观角度来看，高等教育的发展必须要实现内涵式发展，而提升高校教师教学能力是取得内涵发展的重要途径。

（二）制度建设是高校教师教学能力提升的保障

制度为高校教师教学能力提升提供了基础和保障。教师的教学能力直接关系到高校教育是否能够健康、持续地发挥价值，在制度的保障下，高校教师才会无后顾之忧地、更为深入地研究，获得不一样的感悟。高校教师教学能力需要高校从大方面上统筹规划，对资源进行调配，充分发挥财力、人力和物力的作用，而这都需要制度作为保障。在完善的制度之下，资源有条不紊地为教师能力提升提供保障，最终实现高等教育发展的目标，根据教师教学能力培养的需要，实行科学制度安排，建立科学合理的机制。当前很多地区都从制度上入手，地方政府和高校纷纷出台鼓励高校教师提升教学能力的相关文件或政策。但是仅仅有政策的鼓励还不够，需要政策能够落实，将美好的愿景落实为实际的资源支持，这样才能让蓝图变为现实。因此，制度和执行力两者都不可缺少，这也是推进高校教师教学能力提升工作顺利开展的重要保证。

实行制度建设可以降低高校教师教学能力培养工作的各种不确定性。高校教师教学能力的提升是一项长久而复杂的工程。高校教师教学能力的培养需要高校和政府以及教师个人持之以恒地坚持，教学能力是高校教师整个职业生涯都不可缺少的职业能力，会贯穿教师整个职业生涯始终，想提升教学能力就必须对教师的职业发展每一步都投入关注。另外，高校教师的教学能力在培养方面不仅仅是本专业，还需要更大宽度。获得教学能力培养是教师享有的权利，高校在组织教师教学能力培养工作时必须注意公平性，这也是教学能力提升制度建设多年探索所总结的宝贵经验。

教师的教学能力培养需要具有一定的深入性，培训效果不能流于表面，仅仅有形式上的培训毫无作用，必须深入到教师群体当中。另外，高校教师培养需要考虑到教师的个性。高校实现内涵式发展，提升自身竞争力必须要走可持续、有特色的发展道路。所以，高校教师在教学能力培养工作当中应该服从上级安排。笔者认为，高校教师教学能力提升要确立教师的教学能力是培养的核心内容，在这样的观念引领下，坚持以培养内容作为媒介，从而实现提升高校教师的教学能力这一培训目标。培养内容是以高校教师的教学能力培养作为依据，对高校教师的能力有一个相对明确的目标，进而去努力达到这些教学能力标准。高校教师有了努力的目标，拥有了动力，高校也就可以根据实际情况规划提高高校教师教学能力的具体内容和实施办法。制定的实施办法应该切实、具有可执行性，从而使实际培训工作做到有的放矢，避免盲目设定导致培训工作没有方向，帮助高校教师教学能力提升工作形成科学化、常态化。然后，高校教师作为教学能力培训的主体，就应该具有主体行为意识，同时高校应该从制度上确保高校教师主体行为的执行。高校教师教学能力提升工作的实施主体是政府、高校和教师，所以教师也应该承担自己相应的责任，不要形成依赖高校和政府的观念，分清自己的义务和权利，最终确保教学能力提升工作能够落到实处。

（三）制度可以提升教师的自我发展意识

高校教师是高等教育第一线的工作者，教师将高等教育落到实处。所以，不论是政府还是高校，推进政策和具体的实施策略都应该是针对高校教师来设定的。在科学合理的教学能力培养制度之下，高校教师必然会获得合理、科学的培训服务，高校教师的教学能力会获得健康的成长。高校教师教学能力培养制度的建设是促使高校教师不断提升的保障，在科学合理的制度安排之下，通过鼓励、支持等方式直接帮助高校教师提升教学能力。高校教师稳固专业知识的同时，通过丰富、科学的培训内容，帮助教师了解、学习更多的教育相关知识，特别是教学实践能力。在科学合理的培训活动当中，帮助教师更加积极地对待高校教学工作。通过制度的建设，为高校教师提供一个具有学术氛围的工作和成长环境，在高校当中形成良性循环，为高校教师提供更强的精神力量，不断督促教师实现自我发展。为高校教师打造良好的学术环境有利于高校教师建立正确的教学观念，而环境建设同样需要制度作为基础。良好的学术环境是促进教师教学能力提高的重要方式之一。所以，要使高校学术环境得以建立，就必须坚持制度建设。这也是我国在高等教育发展建设当中得出的重要经验。

（四）制度建设可以巩固培养成果

通过制度建设，能够有效地巩固高校教师培养工作的成果，高校教师教学能力的提升制度应该具有系统性和灵活性。科学合理的制度不仅仅是一种对政府、高校以及教师教学能力培养工作的规范，更具有不断完善的功能。通过实际教师教学能力培养工作的实施，将实际工作成果和反馈反作用于制度体系，从而实现完善和修正制度的目的。进而将更为有效、更贴合实际工作的制度保留下来，并完成传承工作。我国在高等教育发展方面不断地出台政策，同时也在听取各地方政府以及高校的意见反馈，从而对已出台的制度进行改善，进而提供更为完善的政策指导，帮助高校在内部建立更为有效地政策。在实践中发现不切实际、难以执行的制度，充分发挥实践指导制度的作用，将理论与实际结合，从而形成制度体系，这种做法可以从根本上为高校教师教学能力培养提供助力。

二、制度建设作用于高校教师教学能力提升的原理

制度作为基础，完成改革探索其背后的原理需要探讨，探寻其中的原理将会有深远的意义。笔者认为，制度建设之所以成为高校教师教学能力提升的改革突破口，

是由于制度自身的特点所决定的，在制度特有的强制性、科学性以及系统性之下，高校教师教学提升工作才能够有所依据，更好地开展完成。

（一）制度的强制性

建立高校教师教学能力培养制度体系最终的目的是用以汇总制度化的形式，对高校教师教学能力培养相关工作进行规定。通过这种制度化、强制化的规定，从而保证高校教师教学能力提升的相关工作能够以一种常规化的状态实施完成。

我国高校在教师教学能力培养方面仍存在不足，特别是大多数高校难以将教师教学能力培训作为长久坚持的工作。这也是我国在高校教师教学能力培养方面发展探索当中存在的问题，这说明高校对于教师教学能力的培养还没有足够重视。另外，即便部分高校将教师的教学能力培养当作重点发展规划，并且制定了相关培养措施，可是在实际落实的过程中还会出现诸多问题。最明显的情况就是高校管理层提出措施，下级部门口号喊得响，但是行动却不够积极。往往出现的情况就是，相关教师教学能力培养措施在实践当中有着声势浩大的开端，可是声势越来越小，直至悄无声息的结束。能够坚持到底，将教师教学能力培养当作高校发展事业来做的数量很少，而建立具有个性化、成果化的培养项目更是寥寥无几。从高校教师的角度来说，在入职时接受岗前培训通常是必备的培养项目。可是，在入职后，自己的教学能力就没有人或部门关心，而是要教师凭借自己的力量去提升自己的教学能力，进而来满足高校的教学需求。这对于青年教师来说显然有着巨大的困难，本就经验不足又没有团体或个人帮助。这样不仅降低了教学效果，还打击了青年教师的积极性和自信心。当然，高校并不是没有教学培训机会，但是在传统的管理制度之下，高校通常会以资历和经验为衡量标准，在论资排辈的情况下，青年教师难以获得参加教学培训的机会。特别是教育部门组织的较高水平的培训交流活动，高校往往以资历拒绝了青年教师的请求，导致师资队伍管理不公平现象发展。

近几年，在国家不断摸索和引导下，高校教师整体教学能力是有所提升的，说明我国高等教育发展的政策是具有成效的。这得益于国家在高等教育发展方面的大量投入，可是当前的发展成果仍旧不足，难以将我国推上世界教育强国的行列。国家在推进教师教学能力发展相关项目时，更多的是从宏观角度机械地对资源进行分配和规划，国家难以对各所高校教师的教学能力提供个性化帮助。国家也缺少一些相应的监管和考核，所以在推进高校教学建设方面出现过资源浪费和未达到预期目标的问题。国家只能从宏观角度提供资源和政策的支持、引导，最终能够有效地实施还是要高校在第一线管理上建立切实可行的制度。因此，建立相应的制度不仅可以确保国家政策得以落实，又能够提升高校管理自主性，让高校教师教学能力培养成为高校管理常规化的工作内容。

（二）制度的科学性

高校教师教学能力的提升需要进行明确规划，不能盲目进行，合理科学的制度是提升策略推进的前提，在制度的框架下高校各部门各司其职，注重联系与合作，通过制度才能将高校组织连为一体，真正地为教师服务。另外，教师教学能力培养在科学合理的制度框架之中，从而保证高校教师教学能力提升工作不以人的意志为转移，提升教师培训工作的执行力。制定高校教师教学能力培养制度体系，其实就是将高校教师的教学能力每一步的发展都规范在科学合理的制度框架当中，保证培训工作有序进行，不会受到其他因素的干扰。同时，高校教师教学能力培养工作是否能够实现有效地实施，还需要具有一套科学、灵活的运行机制，这就要求高校对于教师培养方面需要了解教师群体不同的培养需求，通过灵活的方式来为教师教学能力提升提供所需要的资源。最终，高校在制度框架内为高校教师教学能力发展提供帮助，从而真正地为科学地提升高校教师教学能力提供保障，打造坚实的发展基础。

（三）制度的系统性

制度建设为高校教师教学能力的提升提供了体系支持，所以制度系统设计至关重要，需要涉及高校教师培养工作的各个方面。通过科学的制度体系，在各个环节当中，高校教师都能从中有所收获。高校教师教学能力的培养，不是一蹴而就的，是一项必须长期坚持的系统工作，需要一套系统的制度体系来支撑。国家、地方政府以及高校都是这套制度体系建设的参与者，这三层管理组织都是高校教师教学能力提升制度的设计者，需要三个组织层面共同发力。各个方面的力量支持对于高校教师教学能力的提升有着重要的意义，国家制定宏观政策，地方政府更具地方特点对高校进行指导，高校则根据自身的实际情况制定制度体系。充分利用三个层面的力量，打通层面之间的沟通障碍，各个层面连为一体，充分地开放各个层面的优势以及有效资源，进而提升各方参与教学能力培训工作的积极性。在各个层面的努力之下，最终建立一套上下联动的制度体系。这是我国在高等教育发展探索中并借鉴国外先进经验后所应遵循的发展方式。通过制度体系为高校教师教学能力提供多方面的行动保障和指导。高校教师教学能力培养工作有了制度支持，就可以遵循制度进行活动，为教师提供制度保障，教师教学能力获得高校和社会认可会更具有积极性，将教师教学能力培养的成果惠及每一位有需求的高校教师，这是建立教师教学能力培养制度必须遵循的原则。以教师为本，将教师放在中心位置，以此来建立制度体系可以更大程度地发挥教学能力培养制度的优势和作用。

第五节　大数据时代高校教师教学能力提升策略的方法

制度体系的建成直接保证了高校教师教学能力的培养切实执行，但是，在这之前，如何设计教学能力的培养制度对于培养教师教学能力有着巨大的作用。制度是一个系统，设计高校教师能力培养制度必须要遵循一定的原则，并要把握一定的方向。制度建设需要从国家、地方政府以及高校三个层面来建立健全，为高校教师教学能力的提升提供更好的保障，切实地提高高校教师的教学能力，促进我国高等教育平稳发展。

一、制度建设推动策略落实

实现高校教师的发展，必须要以教师为主体，将教师放在关注的第一位。也就是说，高校教师的自主性和个性化是实现教师教学能力发展所离不开的。对于教师教学能力进行形式上的培训和教育固然重要，但是教师个人的自我要求可以更好地发挥教师自己的主动性。所以，高校教师教学能力提升策略要真正地落到实处，首先要保证教师群体对这些项目内容是接受的态度。教师有提升教学能力的需求，才会有更强的学习动力。高校教师实现发展需要外部和内部双方面的动力作为支持，教师才会更有动力去提升自己的教学能力。外部动力包括物质和非物质的奖惩，而内部动力则是高校教师内心对于自我能力提升的需求程度。为了使高校教师教学能力提升策略更好地执行，在设计高校教师教学能力培养制度方面可以做以下的努力。

（一）建立良好的学术生态环境

高校学术生态环境是高校教师在学术研究等学术相关活动领域当中良好的运行关系所构建的环境。高校学术生态环境对每一个在高校当中生活、工作和学习的人员都产生着巨大的影响。我国高等教育快速发展，但是在高校规模急速扩张的同时，高校学术生态环境普遍恶化，甚至受到社会的质疑。高等教育快速发展之下，高校教师也面临着巨大的利益诱惑和生活压力。高校学术环境受到越来越多的影响，高校教师为了获得更大的利益，甚至参与恶性学术竞争，进而产生了畸形的学术生态环境。高校在教师评价、培训等管理制度方面的不健全产生了一系列的问题，教师难以在教学方面获得展现能力和提升能力的平台，纷纷将精力投入到科研工作当中，直接导致高校教学水准下滑，教师不能专心教学工作，难以实现高校教育水平的提升。一旦形成这种恶性的高校学术环境，高校教师将不会关注自身教学能力的发展，对教育工作投入的精力越来越少。可以说，高校教师教学能力的培养必须拥有良好的学术生态环境，在良好的学术生态环境当中，各种提升教师教学能力的策略才会有施展的空间。

（二）必须遵循教学自由的原则

教师教学能力需要在一个自由的环境之下才能获得发展，教学自由是教师实现教学创新的基本条件。在教学自由的环境之下，教师教学能力必然会获得发展。我国很多高校在师资管理方面沿袭了行政机制，对高校教师的教学活动的方方面面都有限制，这大大压制了高校教师的教学自由，教师在教学过程当中很难发挥自主思考的能力。教师失去自主性，难以拥有教学决策的权利，导致课堂教学活动变得十分压抑。教学活动本就是一种需要创造性的活动，特别是高校教学，更应该注重创造性。高校教师失去了教学自由，就难以在教学过程当中发挥自己的主观能动性，教师创造性被压抑，教学能力难以获得发展。在这种失去教学资源的教学管理之下，教师就会逐渐失去对教育工作的热情，大大地降低了教师教学工作积极性。在压抑的管理制度之下，教师缺失了教学创新的欲望，难以在教学方面下功夫，难以推动高校教学的改革和进步，继而错失了教学能力提升的机会。高校教师教学能力的培养需要先建立自由的教学环境，制度建设是为了提升教学能力的发展，而不是限制教学工作。所以，不论是政府还是高校，在制度建设方面不应该限制了教学自由的推进，要为教师提供一个可以充分发挥自己教学能力和教学理念的环境。高校教学环境需要有不一样的声音，各种教学形式相互交流才能不断为教师提供更强的教学创新力。

（三）建立三层贯通的高校教师教学能力培养制度体系

建设高校教师教学能力制度，从根本来说，其实最终是为我国高等教育水平提供前进的动力，进而推动我国成为教育强国。高校教师教学能力培养制度需要国家、地方政府和高校三层管理共同完成。从我国高等教育管理结构来看，大体可以分为三层，国家和教育部推行的高等教师教学能力提升政策是上层，对我国高等学校教师教学能力起着总体的引导作用。

地方政府承担着这个结构的承接角色，地方政府要领会国家下发的政策指示，并结合本地区的高等教育发展情况，进而向高校下达更为具体的高校教师教学能力提升制度建设要求。地方政府上面是中央政府的领导，而下面则要对高校在教师教学能力提升进行指导。高校是结构的第一线，高校直接与教师接触，高校根据国家和地方政府的政策指导，建立科学合理的教师管理制度，为高校教师教学能力提升保驾护航。我国的行政体制属于自上而下的管理方式，上级直接管理下级。在这三层管理层级当中，必须坚持中央政府的统一领导地位。在中央政府的指示之下，地方政府对本地区高校给予一定程度的引导和帮助，但是必须保持高校的自主权。切实完成上级部署，同时根据自身实际情况进行适当调整，三层管理模式实行上下贯通，从管理组成的层面来实现高校教师教学能力提升策略有效实施的目的。

（四）重视人本、建立法制化教师教学能力培养制度

推行教师教学能力提升策略，建设教师教学能力提升制度，不仅要树立法制化的观念，还必须强调人本观念，推行人性化。法制化和人性化并不是对立的两面，两者的结合才是组织管理所追求的目标。同时，从建立具有法制化和人性化的高校教师教学能力培养制度也是极其有必要的。总的来说，一方面，高校教师教学能力培养制度必须要具有法制化，国家层面通过立法的形式保障教师接受教学能力培训的权利，这需要法治强制性的介入，来确保培养策略可以得以实施。实现法制化是确保高校教师教学能力培养工作实现科学化、落实发展策略的根本保障，可以确保高校教师教学能力培养工作获得稳定性，实现连续地工作，将教学能力提升策略进行到底。另一方面，高校教师教学能力培养制度当中必须体现人性化。人本管理是当前组织管理不可缺少的要素，通过人本管理能够有效地提升教师个人的内在自主性，提升激励手段的有效性。通过人本管理可以将组织的意志变为教师个体自觉的行为。高校教师教学能力培养不仅仅需要刚性的法制化管理方式，还需要更为注重人文情怀的人本管理模式。通过制定人性化的管理制度，为教师提供物质上和精神上的支持，充分地考虑到教师的个人需求。人性化的融入有助于高校更加深入了解教师，对教师的激励手段更具有针对性，更利于提升教师教学能力策略的落实。

（五）高校教师教学能够培养制度多样化

随着高校不断扩招，我国各所高校教师队伍越来越庞大，同时高校教师队伍的构成也比较复杂。从教师的教龄来看，既有仅一两年的青年教师，也有长达几十年的经验丰富的老教师；从教育背景来看，我国高校教师并不都经历过师范专业的教育，相当一部分教师并没有接受过师范教育；如果从教师讲授的课程来看就更为复杂，包括公共课、专业课、理科类课程以及文科类课程等。总之，对高校教师群体进行划分可以有很多种分法。不论如何划分，教师的教学能力发展情况都是不同的，教师所需要的培训内容也各不相同，这说明培养教师教学能力必须要尊重教师的个性。所以，在构建高校教师教学能力培养制度时，必须充分地考虑到教师的个性需求和特点，这也是以人为本思想的体现。教师个性是教师独立性的体现，高校本就

应该主张个性的展现，这样才会推动学术的发展。所以，建立教学能力培养制度必须尊重教师的个性。

二、高校教师教学能力提升策略实施所需的支持

（一）国家对高校教师教学能力提升策略实施的支持

高等教育相关的法律和政策都是由国家制定并推行的，对高等教育发展的政策和制度体现了国家意志，是我国指导高等教育发展的具体规范，同时也将直接影响高校教师教学能力发展的整体大环境变化。我国对高等教育的影响最直接地就是通过《高等教育法》和《教师法》等法律法规的出台进行规范和管理。不过我国在宏观层面还可以继续完善，以给予高校教师教学能力提升更大的支持力度。我国中央政府可以继续完善相关法律。当前来看，《教师法》和《高等教育法》等相关法案仍然需要完善，以满足时代发展的需要。在对内容进行完善时，可以将高校教师教学能力具体培养的要求写入其中，确保高校教师教学能力培养制度的法制性。

高校教师准入制度必须要完善和明确。高校扩招导致学生数量巨大，而高校教师却难以满足庞大的学生数量，所以很多高校都将部分课程改为大教室上课的模式，解决了教师不足的问题。可是这样一来，就降低了教学质量。为了解决师生比例的问题，高校加大吸引人才的力度，在教师准入标准方面更加看重求职者的教育背景和学历以及科研能力等，对于求职者有无教学经验、是否接受过师范类教育并不是十分在乎。也就是说，当前很多高校在聘任教师时，存在一个误区，认为：只要有高学历、受过良好的教育、有科研能力，就可以担任高校教师，就能够胜任教学的工作。所以，国家应该发挥宏观管理的能力，对高校教师的准入条件进行限定，不仅要具有良好的教育背景和较高的学历，教学能力的高低以及是否拥有教师资格证书都应该成为高校考察的标准。高校为了补充教师数量忽视求职者的教学能力，必然要拉低高校教学的水平。

为了引领高校教师更好地发展职业生涯，国家应该大力支持教师教学能力的提升，通过宏观政策的引导，转变地方政府以及高校管理层的观念，有助于教师提升

专业能力的积极性；通过对比职业发展标准，高校教师能够更为直观地发现自身存在的不足，并有针对性地进行改正。所以，必须制定具有参考价值的、具有统一性和广泛性的高校教师专业发展标准。高校教师专业发展标准不仅要有专业能力的评价，还应有专业精神。专业能力主要指教师的教学能力和专业知识水平等，而专业精神则是教师对于职业的认可和专业操守等内在素养层次。

（二）地方政府对高校教师教学能力提升策略实施的支持

地方政府在教师教学能力发展方面承担着重要的职责，是制度的建设者之一，地方政府也是高校教师教学能力提升策略参与者之一。地方政府正处于国家和高校之间，承担着承上启下的重要作用。因此，地方政府应该在以下方面进行努力。

首先，根据国家推行的《教师法》以及《高等教育法》等法案政策，对本地区的高校教师教学能力提升制度建设提出实施意见。发挥地方政府的引导作用，帮助高校完善制度建设工作。地方政府推出《高校教师教学能力提升培训指导意见》等制度性文件，将高校教师教学提升作为地区发展政策，为高校教师教学能力培养工作提供保护。另外，地方政府要放权，支持高校自主权的建立，将教师培养工作放手交给高校去完成，政府做好引导工作，对高校予以经济支持。为了鼓励高校以及高校教师更加重视教师教学能力的培养，地方政府的教育部门可以组织高校教师教学竞赛，通过竞赛的形式吸引青年教师的参与，激发青年教师提升自身专业能力的动力。而经验丰富的教师可以不必参加，但是要担任青年教师导师的任务。总之，通过地方政府的组织能力，调动本地区高校之间教师教学比拼。青年教师参赛，有经验的教师则作为指导，充分调动本地区高校教师的积极性。通过这种竞赛的形式直接为各个高校搭建交流的平台，共同推动教学水平的提高。在交流当中优秀的教学经验和教学方法会被共享，实现共同学习，并挖掘优秀青年教师，促进良性竞争的产生。

最后，地方政府教育部门可以推行建立高校教师教学改革立项或教学成果评测制度。我国高校一直存在重学术、轻教学的不良风气，地方政府根据本地高校实际发展情况，可以建立高校教师教学成果评测或教学改革立项的制度。通过这种鼓励教学创新和教学研究的方式，发挥地方政府教育部门的引导能力，鼓励教师积极投身高校教学建设当中，对教学工作予以重视。另外，通过三方权力组织的发力，确实可以为高校教师教学能力提升保驾护航。

（三）高校对于高校教师教学能力提升策略实施的支持

从培养高校教师的层面来看，高校是最直接的组织者和实施者。高校教师教学能力培养工作由高校直接负责，高校管理者必须摆正观念，师资队伍仅仅靠引入是难以满足高校发展的，只有培养属于自己的教学人才，才是大数据时代高校人才队伍建设的发展道路。高校建立科学合理的制度，可以为教师教学能力提升策略的实施打好基础。高校可以建立以下制度为教师教学发展机构运行保驾护航。

首先是教师助教制度。这一制度是专门面向青年教师的制度。刚入职的青年教师教学经验不足，需要继续提升教学能力。在科学、合理的管理制度之下，高校可以充分地利用制度优势，借鉴发达国家的经验，在培养教师方面运用各种方式和策略。另外，高校通过教师集体交流可以发挥老教师的经验优势，来对青年教师进行指导，通过这种方式不仅提升整体师资队伍力量，还拉近了教师关系。另外，必须要充分地运用各种方式进行教师课前准备。课堂教学的质量往往与教师课前准备程度有直接的联系。要让高校课堂教学效果令人满意，就需要教师做好课前准备工作，教师认真备课做好上课的准备，才能在教学当中有条不紊，取得良好的教学效果。而进行集体备课，则结束了传统高校教师独自备课的情况。教师独自备课就是单打独斗，在集体备课当中，教师们相互吸取彼此优点，吸纳了集体的智慧。同时，集体备课并不会限制教师的教学自由，教师在汲取了群体的智慧后，再加入自己的理解与教学风格，可以带来更好的教学效果。而且，集体备课可以在高校形成良好的教学风气，新老教师平等交流，共同提高了教学能力。教师听评课是教师之间相互学习的过程。通常在教师教学发展机构当中会有这样的实践，但是毕竟不是真正的课堂。建立教师听评课制度，教师直接进入课堂聆听其他教师的课程。这对于高校教师们来说绝对是受益匪浅的。青年教师在资深教师的课堂上学习更多的教学方法和经验，而资深教师也可以学习青年教师具有新意的教学方式。

多元视角下我国高校青年教师发展提升

第一节　我国高校青年教师发展内容

一、培养教育情感

情感是对客观事物所持的态度。情感和认知、意志一起共同构成人们的心理过程，三者的区别只是相对的，在实际生活中，它们相互联系、相互制约。情感是指人的意识有某种倾向性，对人的行为有发动和抑制的作用。教师的情感必须符合教育的要求。教师应当是一个热爱教育事业和学生的人，一个愉快从教的人，一个能从育人活动中体验到无穷乐趣的人，一个能主宰自己情绪的人。积极而稳定的情绪生活，既能促进教师的专业发展，又有益于学生健康成长；反之，则既令自己痛苦不堪，又给学生带来伤害。

（一）师爱情感的培养

夏丏尊先生说过："教育之间没有感情，没有爱，如同池塘没有水一样。"没有水，就不能称其为塘，没有爱就没有教育。热爱教育事业、热爱学生是教师职业道德的核心，它具有强大的教育力量。师爱是解决教育难题、打开学生心灵大门的钥匙，是使学生将教师要求自觉转化为自身行为的催化剂，是教师专业发展的动力之源。

爱一项事业，爱别人，作为一句口号无动于衷地喊一喊也许不难，但是作为一种发自肺腑的情感，并渗透在言行中，遇到挫折能坚持、不消退，而且随着时间的推移，这种爱变得更加细腻且发自内心，是一件非常不容易的事情，师爱就应该是这样的爱，它要求教师在职业生涯发展的过程中，从无到有，从小到大，从单薄到厚实，从易挫到坚韧，从抽象到具体，从个别到一般，从被动到自发。爱的萌芽、成长和成熟，需要教师本人的敏感体悟，精心呵护，不懈培养。

情感不是天生的，而是通过后天的学习形成的。情感的生成需要一定的条件，没有"干一行"的经历，就没有"爱一行"的情感；没有生养、教育孩子的经历，就难以形成甚至理解"疼爱孩子"的感情。青年教师，就职业经历而言，尚处于入门阶段；就人生经历而言，过去多"被爱"少"爱人"，缺乏师爱形成的基础。即便有些喜欢教育、喜欢学生的体验，也是稚嫩的、易碎的、零散的，与成熟的师爱相距甚远。因此，青年教师应该注重师爱情感的培养。

青年教师在师爱修炼中要牢固树立以下意识。

1. 坚信师爱的巨大教育和发展力量

教育不仅是一项传授知识和讲解道理的活动，更是一项充满感情的活动。学生是理性的，也是感性的。同样的道理，这个教师讲和那个教师讲，对学生的影响可能不同。这里除了讲道理的方式方法的可接受性存在差异外，更重要的原因是不同的教师跟学生的情感好坏和程度不一样。学生爱老师，就更可能相信他的话，更致力于学好他教的课，犯了错误就更有内疚感，因此，教师的要求很容易内化为学生的自我要求；反之，教师的话可能就成为耳边风，甚至导致学生故意跟教师对着干，这时教师的教育功能就丧失殆尽。学生对教师的爱是教师对学生的爱换来的，没有真实情感的投入，一味强调"我是为了你好"是苍白无力的教育。

教师也是一个感性和理性兼容的人，教师专业的发展需要理性目标的导向和激励，更需要情感的激励和推动。一个充满师爱的教师，由于责任感和快乐的体验的驱使，就更善于发现专业发展中出现的种种问题，更有毅力克服专业发展过程中的诸多障碍，不断地提升自己的专业发展水平；反之，就可能疲于应付，心力交瘁，日复一日，难见长进。

2. 懂得师爱其实是造福教师自己

从主观愿望上看，爱心自然是献给别人的，但从实际效果上讲，一个有爱心的人，是真正懂得养心之道的人，他使自己的心永远年轻、敏感、鲜活、善良，常常也能赢得别人对自己的爱。师爱也是一样，它既造福学生，也造福教师自己。一个人在"爱着"的时候，是身心状况最健康的时候。此时，其情绪体验是舒适的，生理反应是松弛的，免疫功能是增强的。常言道，送人玫瑰，手留余香，你努力使别人快乐，也能使你自己快乐。因为当你帮助别人时，很多元视角下我国高校青年教师发展研究少会想到自己，能使自身的心灵净化，得到更大的精神满足。帮助别人，不仅能帮人解决困难、减少烦恼，还可以结交更多的知心朋友，得到更多的快乐。所以，你对别人好的时候，也是对自己好的时候。爱学生的老师最轻松、最快乐，而师爱与生爱相互作用及由此产生的"共振"，能让教师生活在无比幸福的环境中。

长期以来，教师因其在教育工作中巨大的身心投入和付出，被人们誉为"蜡烛""照亮了别人，燃烧了自己"。于是，许多教师把身体的透支、心理的劳损等视为自己取得工作成绩的必然代价。认识上的误区常常带来灾难性的后果。应该说，这样的教师是可贵的，但却是有缺陷的。这种认识会带来教师严重的身心问题，也会使得某些教师因爱惜身体而懈怠工作，还会使得一些年轻人害怕甚至回避选择教师职业。其实，教师的教育佳绩并非一定以身心健康来换得。我们在一些优秀教师的身上看到了教育佳绩与身心健朗的和谐统一，他们在长期的教育实践中，童化了心灵，纯化了心灵，美化了心灵，能抵御世俗的污染，纯洁高尚，幸福乐观，健康长寿。他们用自身的经历向我们揭示了教师工作"自利利人"的本质。反过来讲，没有身心健康这一基础，教育业绩的取得也就丧失了依据。很难想象，一个身心健康状况糟糕，连基本的工作时间都难以保证的教师会取得好的教育效果。也很难想象，一个连自己身心都不健康的教师，能培养出心理健康的学生。特级教师斯霞活了94岁，85岁退休。当人们向她请教养生之道的时候，她总是说："我喝的是开水，吃的是泡饭、萝卜干，哪有什么长寿的秘诀？要说有，就是当老师。"老年的霍懋征，身材高大，腰板挺直，精神镶烁，因为一辈子教小孩，率直的个性和天真的童心始终没有离开这位老人。多年享誉我国教育界的"南斯北霍"，她们的血液中都流淌着对学生的挚爱。

3. 师爱是要经受考验的

在某些情境中萌发对某个人或某件事的爱，并使之保持一段时间，是一件极其自然和普遍的现象，但能否将这种爱维持、深化和升华，却是对一个人情商的考验。正如一曲流行歌曲所唱的："相爱总是简单，相处太难。"丰富多彩的教育活动，活泼可爱的学生，让新入道的教师"爱上"也许不难，但这种爱能否经得住时间和挫折的考验，并使之日益升温和强化，成为从事教育工作的主导情感，却是很多教师无法做到的。师爱的发展通常会经历自然—自觉—自发三个阶段。自然的师爱在遇到考验时难以持久。如当你看到付出的爱在一段时间没有收到预期的教育效果，甚至收获的是学生的对立和敌意时，你就可能怀疑爱的教育力量，甚至准备放弃它。其实，这启迪我们，学生的转变和发展是需要时间、需要等待的，问题不是出现在爱上，恰恰可能是爱得不真、爱得不深，爱的表达需要进一步优化。意识到这一点，我们才能培养真正的爱、深沉的爱，学会师爱的正确表达，这就进入了师爱的自觉阶段。深厚而绵绵不绝的师爱，换来了学生的健康发展，而学生的健康发展，又反过来激发教师对学生的深深爱意，持久的良性循环后，师爱便发展到自发阶段。到了这一阶段，师爱对于教师而言，便是一个再自然不过的事了，不需要自我提醒，不需要刻意为之，随意而为的一言一行都渗透着深深的爱，体现着爱。

（二）理性地看待教育

有人说，把学生看作天使，教师便生活在天堂里；把学生看作魔鬼，教师便生活在地狱中。这句话告诉我们，教育观念决定了教师在教育活动中的情绪体验。

美国临床心理学家艾利斯在自身成长经验和临床心理治疗实践基础上，提出了著名的情绪 ABC 理论。他认为，情绪不是由某一诱发事件本身引起的。在 ABC 理论的模型中，A 指诱发性事件（activating events）；B 指个体在遇到诱发性事件之后相应而生的信念（beliefs），即个体对这一事件的看法、解释和评价；C 指在特定情况下，个体的情绪及行为结果（consequences）。通常，人们认为情绪是由诱发性事件直接引起的，即 A 引起了 C。但 ABC 理论指出，诱发性事件 A 只是引起情绪的间接原因，而 B，即人们对诱发性事件所持的信念，才是引起人们情绪的更直接的原因。理性的信念会引起人们对事物适当、适度的情绪反应，而非理性的信念会导致人们的不适当的情绪反应。所以，每个人都要对自己的情绪负责。

理性信念常常带来愉快体验，即使有时不愉快，这种不愉快也多属于正常情绪。非理性信念则让人更经常地体验到苦恼。艾利斯列举了常见的 10 条非理性信念：①对于我所做的每一件事，其他人都必然帮助我和支持我；②对于任何人的错误和有害行为，都必须给予严厉惩罚；③如果事实不像我所设想的那样，那太可怕了；④不幸之所以发生，都是由于外界或其他人引起的；⑤如果有些事情可能是危险的和可怕的，我就应该为之担惊受怕；⑥回避困难比正视困难容易；⑦我必须依赖比我更有能力的人；⑧我必须胜任我所有的一切，并得到别人承认；⑨曾经强烈影响过我的事，必定永远影响我；⑩别人对我是至关重要的，因此，我必须尽力把他们改变成我喜欢的人。韦斯勒等总结了这些非理性信念的三个共同特征：绝对化的要求、过分概括化和糟糕至极。绝对化的要求是指以自己的愿望为出发点，认为某一件事情必定会发生；过分概括化是指以偏概全、以一概十；糟糕至极是指将一件不好的事的发生看成非常可怕、非常糟糕的，如灾难临头似的。

在情绪 ABC 理论的基础上产生的理性情绪疗法是修正非理性信念，形成理性信念，保持积极情绪的一种心理训练方法。理性情绪疗法理论又称 ABCDE 论，D（disputing）是对非理性信念的辩论、驳斥和对抗，辩论、驳斥、对抗成功后，理性信念建立起来了，便产生了有效的治疗效果 E（effect）。

研究发现，不少教师对教育现象持有许多非理性信念，其主要表现为大量的非科学的教育观念，这是造成教师消极情绪的认知根源，帮助教师树立科学的教育观念，为他们保持积极、愉快的情绪打下认知的基础，是一项迫在眉睫的工作，调查表明，青年教师有待转变的教育观念如下。

1. 变评价性学生观为移情性学生观

评价性学生观过多强调学生作为受教育者不足的一面，认为学生中调皮捣蛋的多、不听话的多、愚笨的多。持评价性学生观的教师或者因此胆怯，不敢去管教学生，怕被学生捉弄；或者采取放任政策，睁一只眼闭一只眼，任其自由发展；或者生硬粗暴，采取"高压政策"，致使师生对立，他们体会不到尊师爱生的乐趣，教育对他们是一种煎熬。

移情性学生观认为学生都是可以教育成才的。持移情性学生观的教师用发展的人道的观点看孩子的不足，设身处地地体验学生的所作所为，耐心细致地观察、分析、了解学生的内心世界，以同情、真诚、热爱、关怀的态度对待学生，他们从不粗暴地对待学生的缺点，正如苏霍姆林斯基所说的："每一个决心献身教育的人，应当容忍他们的弱点。如果对这些弱点仔细观察和思考，不仅用脑子，而且用心灵去认识它们，那么就会发现这些弱点是无关紧要的，不应当对它们生气、愤怒和加以惩罚！"移情性学生观所带来的良好的教育效果和融洽的师生关系，不断地激发和维持着教师的愉快心境。

2. 变他主型情绪观为自主型情绪观

他主型情绪观认为自己的情绪是由周围的人和事引起的，个人情绪不过是对这些刺激的自然反应，他们常说"某件事让我开心，某人让我心烦"，他主型情绪观的教师还强调，自己的不良情绪是为了帮助学生改正错误，如有的教师说："我对学生发脾气，是为了帮助他们加深印象，以免以后再犯类似的错误。"

自主型情绪观坚信自我是情绪的主人，情绪是可以调控也是必须调控的，将自身的不良情绪单一地归因于客观环境是不负责任的借口。自主型情绪观还认为，教师的不良情绪看起来是由学生的错误行为引起的，教师发脾气是为了帮助学生改正错误，其实不然，实际情况是教师产生了不良情绪后，为了发泄这种不良情绪而选择了发脾气，教师什么时候停止发脾气，不取决于学生的表现，而取决于教师什么时候"感觉好受些"。所以，乱发脾气不是学生改正错误的需要，而是教师本人的需要。从根本上讲，乱发脾气不仅不会使教师"感觉好受些"，其留下的种种隐患反而使教师在以后的教育活动中感到有更多的东西需要发泄，形成一种恶性循环。

（三）体验教育的乐趣

善于从日常生活和本职工作中获得乐趣的能力是人的一种很重要的心理能力，

它关系着个体一生的生活质量。美国心理学家马斯洛在布兰迪斯大学工作时，把自己的全部精力奉献给他所能发现的心理健康的个体的研究上，提出了著名的"自我实现者理论"。自我实现者是事业成功和心理健康高度统一的人。马斯洛总结了自我实现者的主要特征，其中重要的一条就是"他们呈现出一种永不衰退的欣赏力"。马斯洛这样描述道：自我实现者以敬畏、志趣和愉快的心情体验生活中的事。每一个婴儿，每一次黄昏，都像第一次见到时那么美妙，那么动人心弦。他们能从基本的日常生活经验中得到巨大的鼓舞和心醉神迷，因此他们从不对生活经历感到厌烦。自我实现者总是毫无例外地致力于他们认为重要的工作、任务、责任或职业。他们对工作感兴趣，工作干得津津有味，工作与玩乐之间的界限也就变得模糊了。对他们来说，工作是令人兴奋的、充满乐趣的，工作就是娱乐。正如一位哲人说的，在我们的生活和工作中，不是缺少美，而是缺少发现美的眼睛。我们只有善于在平凡的工作和普通的生活中寻找乐趣，才能找到不竭的快乐之源。

有些教师缺乏体验教育乐趣的能力，厌恶教育。从事教育工作是他们不得已而为之，教育对他们来说是一种痛苦、一种折磨。这种人视自己的教师角色、与学生打交道为烦恼之源。他们不仅工作鲜有业绩，而且生活中背负着沉重的情感包袱，对他们的身心健康造成极为不利的影响。

教师是一个充满快乐的职业。一个教师如果生在快乐之地却感受不到快乐，这不能不说他为师的境界需要提升，他的教育智慧需要补充。作者根据从事教师教育研究和教学工作的体会，提出以下几点建议，希望对青年教师快乐从教提供一些帮助。

1. 我选择，我喜欢

曾经有一个"如何生活得更幸福"的讨论，有人提出我们应该怀着怎样的心情去生活。一种受到广泛赞同的观点是，"我喜欢，我选择"是令人快乐的，但这世界只有少数的幸运者能够根据自己的喜好去选择职业、伴侣和生活，绝大多数人是难以做到的，他们的选择通常只是被动地接受，对于普通人来说，要想生活得幸福，必须学会"我选择，我喜欢"。

有些教师当初从教可能是一种无奈的选择，但既然选择了，就应当学会喜欢，为了学生，也为了自己。有人说，它有趣，我自然会喜欢，它没趣，叫我如何喜欢得起来。这是妨碍教师从教的一大认识误区。其实，有趣和没趣，都是一个人的主观体验。正如魏书生老师所说，任何一种职业，对某些认识片面的人来说，都可能是苦海；反过来，任何一种职业，一旦全身心地扑在上面，入了门，都能感受到其中乐趣无穷。对工作的热爱可以创造奇迹，可以使人以苦为乐，看到严冬后面的阳春、病木旁边的鲜花和芳草，体味到劳作的甘美，享受成功的喜悦。这又印证了时下流行的一句话："心态决定一切。"开始就认定了教育没趣，自然会失败，失败加重了无趣感，无趣感又导致了更大的失败，如此恶性循环；相反，先认定教育有趣，没趣只是因为自己还没体悟到趣味，全身心地投入，成功的回报会激发起兴趣，兴趣又会带来更大的成功，形成良性循环，欲罢不能。应该说，一项工作有趣，是你把它干得有趣，一项工作没趣，是你把它干得没趣。

2. 全面收获教育

我们看看魏书生老师是如何感受粉笔生涯之乐的。

首先，他觉得教师的劳动是有多倍收获的，是能给人以多倍精神幸福的劳动。因为教师除了收获直接的劳动成果——学生的成绩乃至全方面发展的人才本身外，还能收获到感情，将真诚、信任、尊重的感情深入学生的心田，学生升学了、毕业了、工作了，甚至十几年、几十年之后，仍不会忘记这真诚、信任、尊重之情，或用更为丰厚的感情来回报。这种感情播种得越多，收获也就越多。这是其他行业无法比拟的。有许多教师并不是没有升迁到较高地位工作的机会，但是他们都主动放弃了，问他们为什么，他们回答说留恋的就是学生的感情。一届一届离开的学生的真情牵着他们，一届一届未来的学生吸引着他们，他们舍不得离开。

其次，他认为教育工作又是一项科学研究工作。每一天每一小时都有研究的内容：学生注意力的变化、记忆力的增强、感情的波动、行为的养成……任何一所学校，任何一个班级，任何一个学生都能成为一项研究专题；他的历史，他的现状，他的未来，他的惯性，他的更新，他的潜力，甚至学生的举手、投足、扬眉、启齿都能写成很有价值的科研论文。教研内容之广泛、深邃，渗透于一切时间和空间。这样，教师劳动便有了第三层收获——科研成果。

再次，他觉得尤其难得的是教师可以保持一颗童心。许多政治家、艺术家、哲学家，许多普普通通的人到晚年都感觉到童心的宝贵，都感觉到有一颗童心的幸福与自豪。但他们的职业、环境和经历，却使他们难以保持童心，甚至由于外界的需要，往往还得被迫收起童心。而教师每天都和学生们一起看书、练习、唱歌、做实验、搞联欢，甚至和他们一起玩耍，面对着、感受着一颗颗纯洁的、善良的心灵，一届又一届地接力下去，耳濡目染，以纯洁对纯洁，以真诚换真诚，教师怎么能不长期保持一颗童心呢？世界上有哪一种其他职业的人能像教师这样可以终生和淳朴、善良、真诚的学生们一起过着丰富多彩的生活呢？

魏书生老师这种体验教师工作乐趣的方法值得我们去效仿、领悟和品味。

3. 强化成就动机

教师强烈的成就动机促使自己全身心投入工作，获得成就，产生成就感、乐趣感。有位年轻人请教苏格拉底，成功的秘诀是什么。苏格拉底要这个年轻人第二天早晨到河边去见他。第二天一早，他们见面了，苏格拉底让这位年轻人陪他一起向河中心走去，河水没到他们脖子时，苏格拉底趁年轻人没防备，一下子把他按入水中，小伙子拼命挣扎，但无济于事。直到小伙子奄奄一息的时候，苏格拉底才把他的头拉出水面，年轻人来不及说任何话，先深深地吸一口气。苏格拉底问："你在水里最需要什么？"年轻人回答说："空气。"苏格拉底说："这就是成功的秘诀。当你渴望成功的欲望就像你刚才需要空气的愿望那样强烈的时候，你会成功的。"是的，当渴望成功的欲望就像渴望延续生命的愿望那样迫切的时候，工作就不再被动，而变成一种自觉行为。很多情况下我们没有成功，归根结底不是因为底子薄、基础差，而是我们对成功的欲望没有那么强烈，没有强烈到可以用它来抵御不良因素的诱惑的程度，抑或是我们的成功欲望是偶尔的、间断的，而不是连续不断的、一以贯之的，没有转化为持之以恒的动力。

（四）做好压力管理

压力是一个人处于威胁性刺激情境中，一时无法消除威胁、脱离困境的一种被压迫的感觉。一个人在生活和工作中难免承受压力，适时、适度的压力有益于身心健康，即所谓"无事"容易"生非"。但压力太大或压力虽然不是很大却长期持续存在，对身心健康的危害极大。累积的压力对人的生理、情绪、认知和行为都会带来不良影响。它会导致一些生理疾病，如高血压、偏头痛、腰酸背痛、心脏疾病、肠胃疾病、月经失调和皮肤病等；它会造成人体免疫系统功能减弱，使人变得更容易生病；它会破坏情绪，使人变得忧郁、焦虑、失望、无助、沮丧、浮躁不安，容易动怒；它会降低认知效率，造成注意力狭隘，记忆力减退，思考僵化不能灵活变通，问题解决能力降低；它会阻碍心理功能的正常发挥，甚至形成异常行为。

由于当前校园问题日益严重，教育竞争日趋激烈，教师评价指标具体、繁杂等多方面的原因，教师体验着前所未有的压力。虽然青年教师是刚入道的新手，但在工作要求和工作量方面通常不亚于其他教师，甚至还承担着更多的任务。青年教师的工作能力与工作职责之间存在着较大的差异，他们面临着巨大的发展压力。青年教师要学会有效地应对压力，避免职业倦怠感的产生。

1. 有效调适压力的策略

（1）减少不必要的压力源

避免压力过大的方式之一就是懂得"量力而为"，也就是不让自己绷得太紧，不要凡事都揽到自己身上。还要对未来保持"合理的期待"，要评估自己的资源和条件，一步步实现自己的目标，而不是期望短时间内有大的改变。还有，不要和别人比较。每个人的情况不一样，没比较的价值，要把比较点放在自己身上，努力每天有所进步。

（2）提高自我效能感

在相同的情境下，个人对自己所持的看法与信念不同，行为效果就不一样。自我效能感就是个人对自己获得成功所具有的信念，也即对个人能力的判断、对自己的信心程度。高自我效能感的人倾向于相信自己拥有的资源可以应付所需，当遇到有压力的事件时，会将其视为"挑战"，而不是"威胁"。先就认定自己不行，遇事惊慌失措，结果自然糟糕，更加坚信自己无能，形成恶性循环。当然，信心不是盲目的，能力不是凭空产生的，青年教师要在教育实践中不断提升自己解决教育问题的能力。

（3）学习有效的解压对应措施

针对不同的压力源和自己的实际情况，可分别采取以下对应措施。①解决问题。直接采取行动解决问题，包括评价压力情境，找出不同的解决方案，择优付诸行动。②暂时搁置。接纳压力，但暂时搁置不管，稍作调整以增强解决问题的能力。③改变。从正向角度重估自己的认识与情绪状态，借由自我增强和调整认知、情绪状态以解决问题。一般而言，人们面对压力时的反应可以分为问题解决取向和情绪焦点取向。问题解决取向是将重点放在问题本身，先评估压力情境并采取适当措施来改变或避开压力，以有效和建设性的行为直接解决威胁的压力情境。情绪焦点取向则是个人在压力下的情绪，不直接处理产生压力的情境，而先改变自己的感觉、想法，专注于减少压力对情绪的冲击，主要目的在于使人感觉舒服一些，压力源并没有改变。哪种措施对个人最有效，需要以评估整体情形而定。如果一个人处在激动的状态下，也难有办法思考解决之道，可以先采用情绪焦点取向应对，先缓和情绪再进行下一步。然而一味地固着在情绪调整方面，问题可能更加恶化，使自己的情绪更为痛苦。因此，必须综合考虑主客观因素，合理应对。

（4）用积极的想法支配自己

视压力事件为"麻烦"不如视之为"锻炼机会"，视失败为"倒霉"不如视之为"天将降大任于斯人也"。

（5）利用好时间

学会时间管理，该做的事情马上做。今日事，今日毕。拖拉只会使压力更大，压力作用的时间更持久。

（6）培养幽默感

幽默感可以化解压力，促进身心健康。有研究指出，笑对身体的影响与运动相似，它不但能增加氧气的交换律、肌肉活动和心跳，还能适度刺激心脑血管和交感神经系统，释放神经传递介质儿茶酚胺，刺激人体天然止痛剂胺多酚，提升人体对痛觉的阈限，增进免疫系统的功能，使处于压力下的个体的免疫系统功能不至于降低。在心理健康方面，幽默的创造或对幽默的欣赏，能释放人们内心的攻击与焦虑情绪，维持心理平衡，减轻抑郁症状。

（7）建立社会支持网络

社会支持网络是个体应对压力的外在资源，主要是指人际的支持与引导。青年教师要注意形成良好的教育人际关系和生活人际关系。

二、形成教育技能

教育技能是通过练习形成的熟练地帮助教师顺利地完成教育任务的活动方式。教育技能的掌握，能有效提高教师工作效率，使紧张的教育工作变得相对轻松，有助于教师将注意力更多地集中到教育创新上。基本教育技能的训练是青年教师专业发展的重要内容。这里简要介绍青年教师必须掌握而职前培养相对忽略的教育技能。

（一）学习动机激发技能

有效的教育以激发学生的动机为前提。当前的教育问题，不是学生"不能学"，而是"不想学""不愿学""不乐学"。在教育需要较为强烈、教育供给相对不足的时代，教师多关注教的方面，对学生学习动机和兴趣的激发不做刻意的追求，看起来似乎对教育的影响不是太大。今天的教师如果依然如此，教育工作就必然难以展开，有的甚至连课都上不下去。一个教师如果不能掌握学生学习动机激发技能，其他的技能可能就没有用武之地。

1. 学习动机概述

在心理学中，学习被定义为由个体经验的获得所引起的行为或行为潜能的相对持久的变化过程。这一定义的含义十分丰富，知识的获得、技能的形成、能力的发展、习惯的养成、价值观的确立、人格特质的定型等，都是学习的结果。

学习动机是指个体发动、维持其学习活动并使其指向一定学习目标的内部动力。学习动机的心理结构主要包括需要和诱因两个因素。诱因是能够满足个体需要的客体、情境和条件。就两者的重要程度而言，需要是更为基本的因素。

学习动机有内部动机和外部动机之分。内部动机是由学习活动本身提供奖励所维持的动机。此时学习者的目的指向学习活动本身。典型的内部动机是兴趣、操纵的欲望。外部动机是由学习活动以外的情境提供的奖励所维持的动机。此时学习者指向学习活动以外的目的。典型的外部动机是赏罚。

也有人将学习动机分为亲和动机与成就动机。亲和动机是希望同社会中的人保持亲近关系的动机。如父母的喜爱、教师的赞许、同伴的羡慕等。成就动机是个人对于他认为有价值的工作愿意去做，并力求有所成就的动机。如认识到学习的意义，并希望通过学习来增进人生的幸福。

2. 影响学习动机的因素

研究发现，学习动机受到以下因素的影响。

（1）强化经验

行为主义心理学研究表明，行为的后果决定行为的巩固或消退。在过去的学习经历中，个体的努力如果取得了他所期待的结果，如成绩的进步，父母、教师的表扬，他就倾向于以后更加努力。反之，个体的努力得不到成功体验的强化，得不到外界的承认和肯定，他就可能放弃。再如，学生若尝到学习中的投机行为的甜头，他就可能更多投机而更少努力；若尝到苦头，他就可能放弃侥幸心理而脚踏实地。

（2）需要层次

美国心理学家马斯洛认为，人有五种由低级到高级排列的基本需要，分别是生理需要、安全需要、归属和爱的需要、尊重需要和自我实现的需要，不同的人，同一个人在不同时间，其优势需要可能不同。优势需要是动机决定的因素。学习目标的确立，学习内容的选择，学习过程中的情感体验和坚持性，都受到优势需要的制约。

（3）成就动机

阿特金森从成就动机中区分出两种不同的倾向：追求成功的动机倾向与避免失败的动机倾向。追求成功的人喜欢选择有50%把握的、有一定风险的工作；避免失败的人倾向于回避有50%把握的工作。成就动机倾向不同的学生，在学习的自我要求、学习竞争的主动性、学习过程的创造性等方面表现不同。

（4）归因模式

归因是指个体对某一事件或行为结果的原因推断过程。归因影响个人期望的改变和情感反应。研究发现，个体往往具有相对固定的归因模式，有人习惯从自身找失败的原因，有人习惯从外部找失败的原因。学生对自己学业成败结局原因的推断的过程叫学业成败的归因。不同的学业成败归因模式，对学生学习动机会产生不同的影响。例如，将学业成败归因于自身努力的程度，通常会强化学习动机，归因于运气好坏，通常会弱化学习动机。

3. 激发学习动机的一般策略

综合各家观点，对如何帮助学生乐学、愿学，提出以下通用策略和原则：

（1）明确陈述学习目标和任务，使学生的学习行为具有明晰的方向感。

（2）增加学习内容的现实感，以学生熟悉的事例说明所要呈现的主题，使学生对学习的个人价值与社会价值获得切身的经验。

（3）提高学生的自我效能感，使学生对自己的学习能力有正确的认识，从而增强自信心。

（4）教师对每个学生都寄予积极的期待，以激励学生朝着教师所期待的方向努力。

（5）根据不同学生的实际情况，创造条件让每一位学生获得成功。

（6）优化学生的学习成绩，学生喜欢的学科通常是他们学得好的学科，使学生对某学科有兴趣的最好方法莫过于把他教会。

（7）利用学习内容的新异性、悬疑性、差异性和不确定性，创设问题情境，引起学生认知冲突，激发学生好奇心。

（8）在可能的情况下，让学生独立发现新知识。

（9）采取直观的或学生参与活动等方式呈现教学内容。

（10）满足学生的基本需求，建立良好的师生、同伴的互动关系，提供一个安全、接纳、信任的教学环境，使学生在无防御的心态下做自由的探索。

（11）及时、充分地反馈学生的学习成果，使学生了解自己的学习情况，发现并及时改进存在的问题。

（12）适当借助于考试、竞争等外界压力激发学生的学习动机，但要避免过分强调同学之间的成绩比较，以降低焦虑感。

（13）合理运用奖罚，但要避免外在奖励对学生已有的学习兴趣的损害及惩罚带来的负面效应。

（14）不要以降低分数或其他威胁的手段督促学生学习。

（15）鼓励遭受挫折的学生，教会他们正确看待和应对挫折，在挫折中提高自己各方面的能力。

（16）教师要以身作则。教师的敬业精神有助于学生认识到学习的价值，教师在教学的过程中表现出来的强烈成就动机，会成为学生效仿的榜样，教师对学科的浓厚兴趣会强烈地感染到学生。

（17）给学生提供自由选择、主动反应的机会，培养学生自我成长的内部动力，使其成为学习的主人。

（18）让学生懂得兴趣并非是天生的，也绝非由学科性质所决定，而是更多地取决于自己的投入和体验乐趣的能力。

（二）师生沟通技能

沟通是形成良好师生关系的前提条件，没有沟通，便没有教育。不容回避的是，时下的师生沟通遭遇到了前所未有的困难。相互理解和尊重变少了，对立和责难增多了。决定师生沟通状况的关键一方是教师。学生放弃或抵制与教师沟通，大多数是因为在过去的师生沟通经历中，学生体验到过多的委屈或不满。

客观上讲，没有一个教师不希望有一个好的师生沟通，更不会有教师有意去破坏师生沟通，实在是因为师生沟通较一般的沟通更难一些。

1. 立场不同

身在不同的位置，扮演不同的角色，看待问题和处理问题便会有差异。正如管理者和被管理者，虽然有着共同的利益和目标，但对具体事物的态度难免存在冲突。教师是教育者，学生是受教育者，教师与教师容易沟通，学生与学生容易沟通，因为他们有共同的立场，因为教师与学生的立场不同，所以沟通起来相对有些困难。

2. 代际差异

代际差异俗称"代沟"，是指两代人由于成长的背景不同，在价值观和行为习惯方面会有差异甚至是冲突。教师与学生就年龄来说通常是两代人，即使是年轻教师，他们实际上也已成为上代人的化身，他们代表上代人教育下一代，循环着授权者的价值规范。两代人难免分歧多。教师是站在"代沟"的最前沿与下一代对话的人，这种交流通常受到代际差异的纷扰，社会变迁越是迅速，"代沟"形成的周期便越短暂，"代沟"越深，沟通便越困难。

（三）行为塑造技能

学生的行为问题是当今校园的普遍问题。矫治学生的不良行为，塑造学生的良好行为，是教师的重要任务。

1. 行为塑造的理论基础

行为塑造是行为主义学习理论的延伸和应用，是依据行为主义学习理论的基本原理，制定一定的程序来处理特定的行为，促使其产生某种变化的技术。自 20 世纪初华生的行为主义心理学产生以来，行为塑造技术得到了迅速发展，成为心理学应用的一个重要标志。行为塑造技术有一套规范的操作程序，对许多问题行为有明显的干预效果，是一项重要的教育技能。

行为塑造的理论基础是巴甫洛夫的经典条件反射理论、斯金纳的操作条件反射理论和班杜拉的社会学习理论。

巴甫洛夫将反射分为无条件反射和条件反射两种。前者是动物和人生来具有、不学而会的反射，后者是通过学习获得的反射。

在经典条件反射实验中，巴甫洛夫发现以下规律：

（1）条件反射的形成。经过条件刺激和无条件刺激的几次结合（强化），条件刺激取代无条件刺激，形成新的条件的刺激—反应的关系。

（2）泛化和分化。在条件反射形成的初期，类似于条件刺激的刺激也会引起被试的条件反射，这是条件反射的泛化现象；此时如果只对条件刺激进行强化，对其他刺激不予以强化，一段时间后，被试者对其他刺激的反应就会逐渐消失，这是条件反射的分化现象。

（3）消退。已经建立起来的条件反射，若不再强化，反应的程度就会逐渐下降，直至不再出现。

斯金纳强调环境对行为塑造和行为持续的作用，认为行为既可作用于环境以产生某种结果，又受控于环境中偶然出现的结果，一种行为后出现了好的结果（强化），这种行为就趋向保持，持续下去就形成习惯。如果出现了不好的结果，则趋向消除。

强化有正强化和负强化之分，前者如给予一个愉快的刺激，后者如撤销一个厌恶的刺激。强化有全部强化和部分强化两种方式，前者百分之百地强化，后者只给予部分强化。部分强化学习过程较慢，但一经学会便不会消退。

班杜拉的社会学习理论特别强调榜样的示范作用，认为人的大量行为是通过向榜样学习而获得的，不一定都要通过尝试错误学习和进行反复强化。

榜样学习的过程分为四个步骤：

（1）注意。榜样的行为引起学习者的注意，可以是有意识的，也可以是无意识的。

（2）记忆。学习者通过不断再现榜样的表象，将榜样行为保持在记忆中。

（3）认同。学习者将榜样的行为纳入自己的行为中，并赋予其自身的人格特征。

（4）定型。在模仿的行为得到外部或者自我的不断强化之后，习得行为相对稳定，建立并保持一定的形态。

2. 行为塑造的具体方法

行为主义论者认为，所有行为（正常的、异常的）都是学习的结果，不当行为是个体在过去经历中的不当强化或模仿造成的，革除不良行为要经历一个重新学习的过程。通过重新学习，用对刺激的适当反应来替代原有的不适当反应。这里列举系统脱敏法、厌恶疗法和示范疗法。

① 系统脱敏法

系统脱敏法是 20 世纪 50 年代由精神病学家沃尔朴创立的。沃尔朴的实验研究和临床治疗表明，当引起焦虑的刺激存在时，造成一个与焦虑不相容的反应，就能引起焦虑的全部或部分抑制，从而削弱刺激与焦虑之间的联系。也就是用放松的方法减弱当事者对引起焦虑刺激的敏感性，鼓励其逐渐接近所焦虑的事物，直到消除对该刺激物的焦虑感。

系统脱敏法的一般治疗程序如下：

（1）建立焦虑等级层次。依据求治者的主观感受，治疗者与求治者共同设计出一个对焦虑情境的由轻到重的分级表。

（2）进行放松训练。放松训练是对身心活动的自主控制学习。治疗者指导求治者学习放松身心的技巧，把注意力集中在身体肌肉的活动及保持心境平静上，养成随时可借由放松自己抵制外在刺激干扰的习惯。通过放松训练，用身心松弛的反应来替代焦虑反应。

（3）想象脱敏训练。让求治者在身心松弛的状态下，从最低层次开始，想象引起焦虑的情境，并用手指示意主观不适层次。如果想象焦虑情境时，身心可保持松弛，就进入较高一层次的想象。如果想象时出现焦虑情绪，应尽量忍耐，不可回避或停止，并同时进行放松训练予以对抗，直至达到最高层次的焦虑情境也不引起焦虑反应的时候为止。

（4）实地适应训练。让求治者在实地情境中，从最低级到最高级，循序渐进逐级训练，最终能够平静地对待焦虑情境。

② 厌恶疗法

厌恶疗法是应用具有惩罚性的厌恶刺激来矫正和消除某些适应不良行为的方法。其基本原理是让欲戒除的目标行为与某种不愉快的惩罚性刺激结合出现，以对抗原已形成的条件反射，形成新的条件反射，用新的行为取代原有的不良行为习惯。

临床上常用的厌恶疗法有电击厌恶疗法、药物厌恶疗法和想象厌恶疗法三种。教育实践中常用的是想象厌恶疗法，这是将对厌恶情境的想象与异常行为相结合的治疗方法。如有某种不良行为习惯者，当其出现不良行为或欲望时，让其立即闭上眼睛，想象自己曾因此种行为被批评、惩罚的场面和由此产生的痛苦情绪，以达到减少或控制这种不良行为或欲望的目的。有时也采用由电击厌恶疗法演变而来的橡皮圈疗法，在手腕戴上橡皮圈，当不良行为和欲望出现时，立即用橡皮圈弹击皮肤予以阻止。

③ 示范疗法

教育者提供示范，让学习者模仿，进而达到教育目的。不良行为的形成不少是缘于过去身边缺乏适宜榜样而向不当学习对象学习所致。示范可采用多种方式，如治疗者本身的示范，生活中他人所提供的示范，电视、录像或有关读物所提供的示范，生活中其他人所提供的示范，在角色扮演中模仿、再现角色的行为等。

3. 行为塑造技能的训练

行为塑造的目标行为是有待处理的行为，或者说是努力使之发生变化的行为。目标行为可以是需要革除的不良行为，如抽烟、网络成瘾行为等，也可以是有待培养的良好行为。目标行为应该是客观的、可观察的和可测量的，不可模糊笼统（如缺乏学习动机）。

选择目标行为时，还必须分析行为和环境因素的对应关系。明确问题行为是因为受到哪些背景线索的强化而习得的，在什么样的情境中会出现适应行为，以便于随后进行行为干预。

判断学生的某一行为是否确实属于问题行为，是行为矫正中极其重要而又常被忽视的问题。被某些家长、教师甚至是学生本身认定的"问题行为"，可能是一个很正常的行为，强行矫正，会带来严重的不良后果。

第二节　学生视角下高校青年教师教学能力评价

一、青年教师在教学过程中存在的问题

如今，大多数青年教师并非师范专业生，即使通过岗前培训，也未必具备教育学、教育心理学、学科教学论等相关的教育理论知识和教学技能，这就导致他们缺乏过硬的教学素养。此外，高校青年教师的学位一般是博士和硕士，一些青年教师取得博士学位后投身工作岗位，一方面没有及时从学生的角色转变为教师的身份，另一方面因为工作起点较晚，缺乏工作经验。在入职前几年，青年教师因为科研与

职称的压力，往往不能深入地钻研课堂教学。

通过基于学生视角的研究，主要得出以下几个方面的结论。

1. 青年教师的语言表达能力有待提高

调查的三个年级的学生普遍认为，教师的语言表达能力是上好一堂课的关键因素之一，良好的语言表达能力不仅能向学生清晰地展现教学内容，更能体现青年教师的个人风采。然而，在实际的课堂中，一些青年教师甚至存在普通话不太标准、吐字不清楚、语速过快或过慢等问题。即便青年教师在课前做了充分的教学准备，但因为表达能力的欠缺，严重影响了课堂教学效果。当学生发现他们的授课教师不能够生动形象地表述某个概念、论述的观点词不达意、师生互动时缺乏沟通技巧，便很容易产生厌学的情绪，最终大大降低他们的学习积极性。

2. 青年教师教学方式方法比较单一

一些青年教师在授课时只重视知识的传授，忽视了对学生思维能力和智慧的培育；有些青年教师上课只是读 PPT 内容。高等教育要注重培养学生思辨的意识与创新的能力，而青年教师一开始上课，对教学内容还不太能熟练地表达，采取注入式的教学，可能会让学生成为接受知识的容器，学生只学会了如何模仿与记忆，无法调动学生的积极性。接受高等教育的学生有较强的适应能力与独立学习的能力，因此启发式教学更能够发挥他们的主观能动性，但青年教师未能采取此种教学方式。此外，青年教师可能忽视了对教学方法的探索与创新，使课堂教学过于刻板，缺乏丰富性。

3. 部分青年教师对教学内容的深度和广度把握不准

在此次调查中，随着年级的上升，学生对教学内容的关注逐渐提升。不少学生表示，部分青年教师对教学内容在深度、广度和前沿性上的把握可能不到位。例如，未能将书本知识联系实际、缺乏案例分析、很少或几乎不把相关学科的前沿信息纳入课堂教学。本科生有着较强的求知欲与探索欲，而大学作为创新知识的发源地与传播地，应为学生创造良好的求学环境，而部分青年教师投身于自己的科研领域，未能把自己的学术成果转化为实用的教学资源。

4. 有些青年教师未能充分利用信息技术手段

学习科学与信息技术对教学专业发展而言不是扰乱传统教学的破坏者，而是大学教师提升自身教学专业能力的促进者与支持者。在此次调查中，学生认为有的青年教师并不能够很好地熟练使用多媒体辅助设备，呈现的电子课件在布局上也缺乏一定的条理性与层次性。理科的学生则认为，对于公式推导或者复杂的计算，青年教师应该选择传统的板书授课，让学生更易接受教师在手写过程中的步骤转换。一些青年教师认为信息技术仅仅是呈现教学内容、提升教学效果的手段，因此把 PowerPoint 作为首选，甚至是唯一的技术辅助形式，这显然是不够的。随着 Moocs（慕课）的盛行，青年教师应该思考如何转变自己的教学形式，充分利用互联网的优质资源，探索更多的软件，做到线上教学与实体教学的完美结合。

5. 一些青年教师的学生评价方式不尽合理

目前，一些青年教师偏向采用总结性评价的方式，即把期末考试的分数作为衡量学生学习效果的唯一标准。而学习是持续与渐进的过程，学生在学习过程中思辨能力、科研能力、团队合作能力的提高往往是分数无法呈现的。因此，要加强过程评价。此外，也有学生认为，个别青年教师在评价上带有强烈的主观色彩，缺乏公正性，个别青年教师往往会出于个人对学生的好恶故意抬高或降低学生的分数；也有一些青年教师出于评职称或晋升的目的，适当放宽评分准则、降低评分标准，为了在期末获得较高的学生评价。

6. 青年教师与学生的课堂互动频率总体不高

课堂并不是教师的个人舞台，"一枝独秀式"的教学方式并不能充分调动学生的学习积极性。一些青年教师在参加工作之前的研究生阶段，以个人研究为主，因此在教学过程中很容易产生两种极端的现象。第一种，青年教师掌握了整节课的话语权，除了向学生讲述课本知识之外，还会叙述一些个人的"光辉事迹"，无意识地表达自己的过人之处；第二种，个别青年教师比较内向，完全照本宣科，把完成课程的定量目标作为教学初衷。以上两种都是学生反感的教学方式，缺乏师生互动的课堂，教师无法知晓学生是否掌握了教学内容，而学生也不能向教师表达他们的求学需求，这样的课堂势必是低效与低质量的。

二、提高青年教师教学能力的对策

1. 加强语言表达能力的锻炼

大多数青年教师并不具备师范的背景，所以缺乏较强的课堂表现力，具体表现在语言的组织与表达上。课堂是教师与学生的直接交流场所。教师的行为举止都被放大，这不免让缺乏教学经验的青年教师感到窘迫与紧张。青年教师需要提升自信心，在穿着上尽量选择大方得体的服饰。在课堂上面带微笑，与学生进行眼神交流，在和学生互动的时候，可以靠近学生，不必站在讲台前。说话的时候，不仅要带有感情，还要控制自己的语调、语速以及嗓音。青年教师可在工作之余留一些时间朗读文本材料，或者在空旷的教室模拟上课。语言表达能力是教师的专业基础，不容忽视。因此，青年教师务必投入时间与精力不断提高这一能力。

2. 积极探索多种教学方法

青年教师要转变传统的教学方法，由注入式教学转变为启发式教学。启发式教学在教与学的关系上，既肯定了教师的主导作用，又强调了学生是具有强烈主观能动性的行为主体。我国著名教育学家叶圣陶先生曾提出"教是为了不教"。教师是学生求学路上的引导者。这种引导是带领探索未知的领域，让学生在探索的过程中收获判断、感悟、反思、创新的能力，这恰好也是学生生存必不可少的条件。因此，青年教师在探索教学方法的时候需要将启发式教学作为指导原则。

（1）案例教学法。举例子是说明问题的一种手段，案例教学法就是以此为基础，扩充教材内容的教学方法。对于大学生群体来说，获得实践性知识比陈述性知识更为重要。教师通过列举案例组织学生共同学习与探究某个问题，为学生提供了理论联系实际的机会。青年教师在授课前要精心筛选与编写案例，案例一般以文字材料为基础，包括事例的内容和数据。既要保证案例的真实性，也要使案例具有吸引性。在授课的过程中，青年教师要将话语权留给学生，将学生分成若干组，引导学生以讨论的形式分析案例。在最终的评价环节，青年教师可以将学生的发言与教学内容相结合，也可以指导学生，让学生得到最后的结论。

（2）发现法。发现法也称"发现学习法"或"发现学习"，是学生运用教师提供的按发现过程编制的教材或材料"再发现"，以掌握知识并发展创造性思维与发现能力的一种教学模式或教学方法。采用发现法教学，需要青年教师具备较高的教学设计能力。青年教师在吃透教学内容的基础上，要努力找出新的知识与学生现有知识之间的关系并将此作为引导学生发现问题的线索。而在学生探索新知识的过程中，青年教师要给学生必要的提示，防止学生偏离正确的方向，待学生解决问题之后，帮助学生将获得的知识进一步结构化、系统化地整合。

（3）情境教学法。情境教学法是帮助学生将无形的知识转换为能够在实际生活中灵活运用的技能的教学方法。青年教师可以结合学科背景将课堂转换为知识产出的某个真实的情境。在创设的情境中，学生不再是被动的接受者，而是展现知识的主角。这不仅增加了学生的知识储备，更提高了他们学以致用的能力。但因为情境教学法存在许多不可控因素，这就要求青年教师具备处理课堂突发状况的能力。青年教师在统筹全局的基础上，不能忽视细节问题，例如学生微小的动作、说话的语速、神态等。

3. 将科研与教学有机地统一

随着年级的上升，学生对教师教学内容的深度、广度以及前沿性都有了更高的要求。青年教师可以将研究的科研成果转变为教学的内容，让学生及时了解所学专业的前沿信息。青年教师经过多年求学的历练，具备了很高的科研能力，因此青年教师也可向学生讲述自己在研究过程中的体会与经验，从而激发学生的探索欲。青年教师对低年级的学生以介绍科研信息为主，对高年级的学生则要侧重讲授研究方法，让他们参与科研项目，在研究中学习。通过与学生的共同探讨，青年教师一方面能够更加全面地了解学生，另一方面也能够基于学生看待问题的角度获得新的想法，从而实现师生的双向提升。

4. 合理利用信息技术手段

信息技术的快速发展促成了 Moocs（慕课）、翻转课堂的出现，拓宽了学生学习知识的渠道。学生可以通过网络获取学习资源，自学相关课程，这就需要教师教学能力的重构。青年教师精力充沛、对新事物的接受与学习能力强，这便有利于他们很快适应信息化背景下的教学。青年教师要学习多媒体设备，除了熟练使用 Power-Point 外，还要探索其他的 Office 软件。青年教师要利用信息时代及时学习的特点，鼓励学生通过网络自学获得知识。但这并不是减少自身的教学任务，相反，青年教师需要了解学生现有的知识储备以及他们的学习心理，结合教学目标来编排教学内容，看哪些适合课堂着重讲解，哪些适合学生课后自学。而在学生自学的过程中，青年教师也应向学生提供高质量的线上资源，以免学生把时间浪费在搜集资料之中。

5. 确立公平、多元化的学生评价体系

青年教师应采取过程性评价方法，将学生平时的学习表现（小组合作项目、阶段性测验）与期末的测试构成最终的评价体系，并合理制定各部分的占分比例。此外，客观公正的评价方式也有利于教师验收教学效果，改进教学。青年教师在制定评价准则的时候，要与学生协商，而不是以绝对的权威者独占评价的主动权。例如，课堂的考勤方式是否需要严格执行，对待迟到与缺席的情况，怎样的奖惩形式既能起到警示学生的作用，又不会过于苛刻；课堂的发言和表现是否应该算入平时的学分；学生更倾向开卷测试还是闭卷测试；等等。青年教师要在与学生协商之后制定完善的评价细则，从而为教学活动提供民主、透明的环境。

6. 青年教师要善于进行教学反思

教师的教学发展过程作为一种反思性的实践过程，目标高远，任务复杂，教师应坚持以学术取向积累教学的实践智慧，把教学看作持之以恒的探索过程。首先，青年教师要正视自己。青年教师在学生时期就是同龄中的佼佼者，但是踏入工作岗位后，因为缺乏教学经验，不免受到学生的质疑。面对负面评价的时候，青年教师要虚心接受，而不是一味地忽视与逃避。其次，青年教师要学会沟通。青年教师要多与学生交流，认真听取学生的意见，明白学生的需求，而不是一味地秉持着"让学生接受"的教学观念。此外，青年教师也要多与同事沟通，包括同龄的教师和资历较深的教师。这样不仅可以解决自己在教学方面的困惑，还可以吸取他人优秀的教学经验。为了更好地改进自身的教学水平，青年教师可以录下自己的课堂教学行为，通过课后的反复观看，思考忽视了哪些细节以及在教学中还要有哪些突破。教学能力的发展是一个持续渐进的过程，一味模仿的青年教师不会有任何突破与长进，只有本着对自身负责的态度，善于用分析、批判的眼光看待自己的教学，才能在领悟教学实践的意义之后，形成属于自己的教学风格，最终使自己的教学能力有显著提升。

第三节　组织文化视角下高校青年教师发展

高校青年教师发展以提高高校青年教师的教学能力和研究水平为核心任务，包括青年教师的教学发展、组织发展、专业发展和个人发展；高校青年教师发展要求青年教师在专业水平、教学能力、科研能力和品德素养等方面得到提升，它既指明了高校青年教师发展的任务，也指出了高校青年教师发展的内容。

当今的青年教师正处在社会经济快速发展和生活方式不断更迭的时代，伴随着社会上形式主义、实用主义、功利主义价值观的盛行，高校出现了管理行政化、科研数量化、教师评价方式形式化等现象，部分教师产生职业倦怠感、工作压力增强，高校青年教师发展面临着困境与挑战。这些困境与挑战将如何解决呢？高校组织文化作为高校指导思想、管理理念和办学宗旨的体现，它是被学校主体所接受和承认的价值观念、道德规范和共同目标。一种优秀的组织文化，能够让青年教师体验到归属感、凝聚感和方向感。本节将以组织文化为切入点，结合组织文化的物质文化、制度文化、精神文化的划分，从理念、机制、路径三个层面提出高校青年教师发展的策略，从而促进青年教师的发展。

一、理念层面

理念层面的建设反映出高校组织文化核心价值观的要求，统一和规范着高校师生的思想，是高校群体形成自身特质的根源，也是高校组织文化中精神文化的体现。一所好的高校，必须有先进的理念支撑。美国已经建成许多世界一流大学，并形成了美国大学独特的理念。其中，学术自由、共同治理、学生为本这三个理念体现了美国大学组织文化的基本价值，在这些理念的导向下，美国大学出现几个值得关注的现象：一是组织体系上的去中心化结构，鼓励以兴趣为导向的个体研究；二是用人方式上的自由竞争机制，教师有较大的自主权；三是教育管理上的平等开放。除此之外，国外名牌大学的一条重要的办学理念就是构建一种有利于创新、发现、实践、凝聚力、辩证思维、服务和沟通的大学学校文化。这种文化既能使个人得到发展，又能推动教育、文化和社会的进步。中国大学要赶超国外一流高校，就要学习和借鉴国外大学先进的理念，并与自己的实际结合起来，更新治理理念，才能促进青年教师发展。

（一）以人为本的价值理念

优秀的组织文化最重要的特点就是表现在对人的尊重、对人的关怀和对人的价值的充分理解上。这也是组织文化理论的中心。在建设学校组织文化的过程中，要重视来自各方面不同的意见，营造民主平等的管理氛围。同时，充分考虑到青年教师的心理，刚进入学校的青年教师，由于对自身的职业发展、专业发展方向没有足够的认识，理想与现实容易产生差距，面对这些问题青年教师往往感到迷茫，产生职业倦怠。再加之教学、科研和生活方面的多重压力，青年教师往往力不从心。要从高校青年教师的实际需要出发，肯定青年教师的价值，以理性和平等的理念促进青年教师发展。

（二）互助合作的思想观念

在当今社会的多元化背景下，高校要鼓励青年教师树立互助合作的观念，努力营造合作学习、互助进步的氛围。通过组织青年教师学习理论、教学评课、岗位培训等活动，为青年教师提供互相学习的平台，促进青年教师教学、科研能力的全面提升；通过系列人才培养计划，加强对青年骨干教师的培养，对于有潜力的优秀青年教师给予重点培训，使他们成为学术带头人，从而带动其他青年教师发展；还可以通过发挥老教师的"传帮带"作用，使青年教师感受到院校的优良传统，理解学校的文化特色，增强组织认同感。另外，通过"教工之家"的系列活动，帮助青年教师解决工作和生活上的困难。这样通过互助合作活动，新教师融入团队，新老教师之间得到了沟通和交流，新成员之间也相互切磋，增强了团队凝聚力和归属感，能够更好地促进青年教师教学水平和学术能力的提高。

（三）确立共同愿景

高校确立共同愿景对组织发展是至关重要的，愿景就是教师共同的愿望，它为高校青年教师的学习提供了奋斗的目标。高校首先要确立共同愿景，将全校教职工凝聚在一起，在组织成员共同参与的基础上，制定高校组织的发展规划，使个人发展目标与高校发展目标达成一致，最终形成为高校共同愿景奋斗的凝聚力。共同愿景不能由高层管理者单方面确定，它是由组织内成员的个人愿景汇聚而成的，是个人愿望与组织发展的协调统一，这样产生的共同愿景才会根植于个人的价值观、思想和行动中。为此，高校管理者必须重视和青年教师的交流、沟通，依据青年教师个体的需要，引导他们把个体目标和组织目标相结合，遵循共同的价值观，实现个人和学校的共同发展。

二、机制层面

管理机制是指管理系统的结构及其运行机理，是决定管理功效的核心问题。机制层面的建设是高校办学理念的反映，是理念的具象化。高校根据机制建设的需要，建立符合学校发展的多元机制，保障学校的发展。同时管理机制也体现了组织文化中的制度文化及其运作，高校通过制度变革，促进高校青年教师的发展。

（一）完善青年教师评价机制

在教师评价方面，高校大多采取量化考核的方式来衡量青年教师的工作，功利主义倾向严重，如以基本教学工作量、科研任务量以及学生评分等方式，较少考虑青年教师和学生的实际感受，教师评价方式单一，导致学校的科研指标要求很高，教学评价流于形式，青年教师容易产生职业倦怠感。为了改善这一现象，建立、健全发展性教师评价机制很有必要。发展性教师评价机制，又叫"专业发展模式"，是一种注重过程性的、面向未来的模式，强调青年教师评价要在民主的氛围中，帮助青年教师发现自身的优缺点，并根据评价结果，指导青年教师制定个性化的发展规划。这种评价制度一方面强调尊重教师在评价中的主体地位，另一方面强调尊重教师个性差异。在评价方面，要做到评价内容和评价主体的多元化。

（二）建立健全青年教师激励机制

当前许多高校过于强调对青年教师的规范化管理，忽视了对青年教师内在动机的鼓励和激发。在激励机制上，过于注重外在激励、短期激励，使得个人与组织的目标不太一致。同时，外在激励也无法满足青年教师全面发展的需要。满足人的发展需要是激励机制的核心，在高校工作实践中，激励的方式应该是多元的，不同的组织有不同的激励方式。但无论何种方式，都必须兼顾外在激励与内在激励，考虑到青年教师的实际。

（三）建立合理的人才培养机制

高校重人才引进而轻培养的现象具有一定的普遍性。为提高学校学术水平和社会影响力，调动教师工作积极性，高校往往建立人才竞争机制，特别是强调引进高职称、高学历的人才。但同时可能忽视对原有的青年教师进行培养，没有充分挖掘现有人才的发展潜力，容易导致原有教师心理失衡，引发一部分优秀人才流失。所以，为了青年教师的成长和发展，必须制订培养计划，加强学术团队建设。高校要不断完善青年教师引进、培养机制，做好管理和服务，通过形成有效的人才培养机制，促进青年教师在专业、教学、组织和个人方面的发展。

（四） 创设青年教师文化管理机制

高校对青年教师的管理大多采用行政管理的单一模式，行政人员成为学校的核心，行政权力处于学校管理的主导地位，教授兼职行政岗位的现象十分明显。对青年教师的管理过于规范化、强制化，可能会限制青年教师个性和身心的自由发展，影响了青年教师教学科研工作的积极性、主动性和创造性。文化管理是管理理论和实践发展的新阶段，就是把管理中的文化要素作为管理的中心环节，是组织文化中现代管理方式的体现，突出人的主体地位。为此，要转变管理理念，重视培养大学精神，完善民主决策，建立青年教师心理契约。通过管理机制的创新，来规范和引领青年教师发展。

（五） 完善青年教师教学保障机制

高校青年教师学历普遍较高，科研能力强，但在教育教学方面没有经过系统的知识学习和技能培训，导致了青年教师在一开始不能很好地胜任教学工作。同时，在一部分承担基础教学任务的学院，青年教师一上岗就要承担几门课程的教学工作，导致教学质量无法得到保证。再加上存在着"重科研、轻教学"的导向，教师教学在专业技术职务晋升和聘任中的体现度不高，与教师长期的努力和付出不相称，不能很好地调动教师的教学积极性，这就导致了教师对教学成果、教学研究的关注度不高。因此，要进一步调整职称政策，健全教学奖励机制，激励教学创新团队形成建立完善青年教师教学保障机制。

三、路径层面

路径是机制的具体化，机制是路径得以实施的保障。高校青年教师规划路径是把相关机制落实的具体途径。高校现有的机制必须通过制定具体的实施细则和措施，把青年教师发展工作落到实处。

（一）青年教师评价方面

1. 评价内容的全面化

教师评价要重视对青年教师进行综合评价，而不是把教学工作量和科研成果作为唯一的考核内容。有的学校对青年教师职称评审中，采用"绿色通道"时只注重科研成果水平就比较片面。有些青年教师非常关心学生，教学方法很独特，并能很好地运用到教学中去；有些青年教师对学术前沿知识介绍得比较好，使学生非常受益。因此必须把教师评价内容由单一评价转变为全面评价，尤其要注重对青年教师的教学效果和教学投入的评价。

2. 评价主体的多元化

教师评价应该综合评价高校青年教师在教学、科研、思想品德等方面的表现。教学质量评价主体应该涉及院系同行、学生、教学督导等多个层面。同行是学科专家，应该综合衡量青年教师的专业知识水平、学术能力和工作表现等；在学生层面，主要考核青年教师与学生之间的课堂互动和课后交流，学生是教学活动的主体，因此学生评价最能反映青年教师的教学效果。教学督导是教学专家，可以发现问题，帮助青年教师更好地把关，青年教师的成长过程是一个经验积累的过程，也是解决问题和反思的过程。

（二）青年教师激励方面

1. 物质激励

物质文化是高校组织文化的基础和外化，良好的物质文化为高校青年教师的发展提供保障。物质激励关系着青年教师成长的基本需要能否得到满足。在物质条件方面，首先，高校应尽量为青年教师提供良好的教学、科研条件，改善工作设施，配备先进的办公设备。良好的工作环境能让青年教师感受到较好的工作氛围，激发青年教师群体内在的工作热情和潜能，让青年教师对大学校园产生心理认同，从而产生归属感。其次，要提高工作待遇和薪酬，设计基于业绩的校内津贴和福利体系，提高青年教师的生活水平，增强津贴对青年教师的吸引力。

2. 成长激励

首先，加强对青年教师的培训管理。高校通过培训来提高青年教师的能力，这既是青年教师自身发展的需要，也是提高学校师资水平和增强综合竞争力的需要。其次，加强对青年教师的职业生涯规划。职业生涯规划能够激励青年教师不断提高自身素质、努力实现自身价值、增强组织的凝聚力和向心力，帮助青年教师享受完满的人生。青年教师入校时间较短，发展方向具有不确定性和盲目性，高校应尽可能地帮助青年教师有针对性地设计职业生涯发展规划，促进青年教师发展。

3. 晋升激励

首先，要为青年教师学术地位的晋升创造条件。为青年教师提供参加学术会议的机会，让他们经常能与同行专家交流，以使他们增长专业技术知识，提高对学术领域前沿的了解，与同行专家建立良好的合作交流关系，在学术组织内逐渐提升影响力，为在行业内的学术职位晋升打下良好的基础。其次，为青年教师提供一定管理岗位的晋升。高校要为每一个青年教师提供发展的机会，为有管理才能的青年教师创造条件，建立后备干部人才库，做好选拔工作。

4. 目标激励

目标激励就是通过目标的设置来激发人的动机、引导人的行为。目标是行动所要得到的预期结果，也是一种刺激。目标作为诱因对人们的积极性起着强烈的激励和导向作用。因此，设置适当的目标能够激发人的动机，调动人的积极性。目标的高低取决于目标的抱负水平，青年教师要根据个人的成就动机、个人因素、社会因素，来设置自己的目标。在工作过程中，按照计划去实现目标。在这个过程中，青年教师就实现了对自我的激励和发展。

（三）青年教师培养方面

1. 完善青年教师的岗前培训

第一，明确培训目标。要明确青年教师接受岗前培训的目的，提高青年教师的职业素养，坚定青年教师的教育信念，提升青年教师的教育实践能力和科研能力。第二，充实培训内容。按照培训目标的要求，制定完善的培训内容，包含基本理论课程、教学实践技能培训课、学校组织文化课等。第三，建立多样化的培训方式。不同的培训内容要有选择地实施不同的培训方式。第四，改变考核机制。要将理论知识考核和实践能力考核紧密结合，系统地考查青年教师经过岗前培训后的理论水平和实践能力。

2. 加大对青年教师的继续教育

高校管理者必须深化青年教师的继续教育工作，充分发挥继续教育对青年教师教学科研能力全面提升的作用。首先，要制定继续教育激励政策，对于继续教育中表现优秀的青年教师加以奖励或晋升；其次，要提供多种学习机会，增加青年教师外出访问、参加研讨班和国内外学术会议的机会，以此提高其学术水平。

3. 重视学术团队的建设与合作

重视对学术团队的建设，强化青年教师团结合作的意识，鼓励他们积极地加入学术团队；组织学术沙龙，引导青年教师主动参加，互相交流探讨学术问题；组织讲座，邀请资深教授传授经验，提高青年教师的学术能力和科研能力。

（四）青年教师文化管理方面

1. 转变管理理念

传统的高校教师管理大多采取的是刚性管理模式，这种模式习惯于用行政手段推动工作，过多强调学校组织的权威性，忽视情感、价值目标等非刚性因素。文化管理理念则追求的是个人和组织的和谐发展。因此，高校需要转变管理理念，积极将文化管理理念引入对青年教师的管理中。在文化管理理念的指导下，坚持以人为本，尊重教师的主体地位，把教师的发展看作学校管理的中心，这也是组织文化理论中现代管理方式的体现。

2. 重视大学精神培育

大学精神需要培育。不断加强文化建设，营造良好的文化氛围，是实现文化管理的前提。实行文化管理，必须重构大学精神，发挥大学文化、理念的作用，把学校的核心价值观、办学理念、发展定位作为高校建设的重点。要坚持以大学精神引导青年教师个人价值观，在价值观整合过程中引导和激发青年教师的积极性，来为高校和谐发展做出贡献。

3. 完善民主决策

文化管理的目标是实现人的发展，因此，在高校文化管理体制下，必须改变传统的组织模式，将组织中心下移，形成对话式的组织模式，尤其要尊重和关注青年教师的成长。要充分发扬民主，尊重教师在学校管理中的主体地位，完善民主化管理，鼓励支持教师参与学校决策和管理过程，教师通过参与学校管理决策，广泛行使民主监督权利，形成对学校管理者权力的制约。

4. 建立青年教师心理契约

心理契约是指在一定的组织关系中，组织双方之间的一种主观的、内隐的心理约定。心理契约是联系青年教师和高校之间的心理纽带。心理契约有利于增强组织凝聚力，丰富教师的情感体验，提升青年教师归属感，还可以促进教师专业发展，实现教师的职业理想。在高校与教师之间建立良好的心理契约可以避免青年教师的流失，在管理中，建立起良性、互动的心理契约，可使青年教师发挥积极作用，进而促进青年教师队伍良性发展。

（五）青年教师教学保障方面

1. 进一步调整教师评价政策

在完善教学质量评价方法的基础上，将教学工作量、教学质量作为专业技术职务聘任的先决条件；相同条件下对于教学效果优秀的青年教师，优先聘任高一级专业技术职务。对不适合从事教学工作的青年教师调离工作岗位。

2. 健全教学奖励政策

设立青年教师教学奖励专项资金，搭建更宽广的青年教师教学展示和交流平台，设立教学创新奖、教学质量奖、教学名师奖、教学成就奖等，加大奖励力度，有效激发和调动青年教师的教学积极性与创造性。

3. 激励教学创新团队形成

进一步建立健全创新团队建设的管理机制和激励措施，调动广大青年教师参与教学团队建设的热情，增强团队意识，提高团队质量，凝练团队特色，形成围绕教学实际问题、深入开展研讨的教学创新团队，改变青年教师凭个人兴趣进行教学研究的方式，形成从培养方案制定到专业、课程、教材建设的一体化团队发展规划，促使青年教师积极主动地将学科和科研优势转化为教学优势，提高青年教师教学能力，促进青年教师全方位发展。

参考文献

[1] 张琸珆. 应用型地方本科高校教师教学能力发展研究［M］. 长春：吉林大学出版社，2019.06.

[2] 缪子梅. 高校思想政治理论课教师教学能力发展研究［M］. 镇江：江苏大学出版社，2019.12.

[3] 李颖. 中国高校教师全英语教学 EMI 能力研究［M］. 北京：高等教育出版社，2019.02.

[4] 谷茂恒，姜武成. 高校体育教学评价体系的构建［M］. 北京：航空工业出版社，2019.01.

[5] 王磊. 高校英语教学转型发展研究［M］. 长春：吉林人民出版社，2019.08.

[6] 唐大光. 专业发展视角下高校教师教学的理性思考［M］. 长春：吉林科学技术出版社，2019.08.

[7] 汪应，陈光海，韩晋川. 高校教师信息化教学能力构成研究［M］. 重庆：重庆大学出版社，2018.02.

[8] 胡娇. 高校教师教学能力［M］. 长春：吉林文史出版社，2018.12.

[9] 康翠萍. 建设、研究、实践高校教师教学发展研究［M］. 北京：科学出版社，2018.03.

[10] 黄培森. 高校初任教师教学能力发展论［M］. 北京：中国社会科学出版社，2018.07.

[11] 王能东. 高校思想政治理论课教师核心教学能力研究［M］. 北京：人民日报出版社，2018.08.

[12] 徐晓斌. 高校体育教师职业资格标准与教学胜任力评价体系研究［M］. 北京：原子能出版社，2018.05.

[13] 刘小林，曹开华. 高校教师职业道德修养［M］. 南昌：江西高校出版社，2018.07.

[14] 邵林海. 地方高校体育教师专业发展研究［M］. 北京：冶金工业出版社，2018.03.

[15] 朱宛霞. 地方高校转型发展与教师角色认同的探索［M］. 北京：中国商务出版社，2018.10.

［16］李燕. 新时期高校教师能力培养与专业化发展探究 ［M］. 成都：四川大学出版社，2018. 12.

［17］奚冬梅，胡飒. 高校思想政治教育教学与实践研究 ［M］. 北京：光明日报出版社，2018. 01.

［18］李波. 高校教师教学素养提升的理论与实践 ［M］. 济南：山东大学出版社，2020.

［19］郝庆波，张晓楠. 大数据时代高校教师教学能力提升策略研究 ［M］. 长春：吉林人民出版社，2020. 08.

［20］郭丽君. 地方高校教师教学发展支持研究 ［M］. 北京：经济管理出版社，2020. 12.

［21］王芳. 高校教师发展与教学改革研究 ［M］. 长春：吉林教育出版社，2020. 07.

［22］李峻. 高校教师发展与双语教学研究 ［M］. 长春：吉林教育出版社，2020. 09.

［23］周景坤. 教学型高校教师区分性评价研究 ［M］. 北京：中国社会科学出版社，2020. 02.

［24］李培隆，潘廷将，唐霄. 高校教师跨文化能力培养研究 ［M］. 长春：吉林大学出版社，2020. 09.

［25］孙永华. 高校教师教学发展的探索与实践 ［M］. 济南：山东大学出版社，2021. 03.

［26］孙永华. 高校青年教师教学比赛案例评析 ［M］. 济南：山东大学出版社，2021. 02.

［27］朱笑荣. 高校教师教学改革创新与发展研究 ［M］. 长春：吉林大学出版社，2021. 10.

［28］郭亚. 影响高校教师教学工作的三变量关系研究 ［M］. 合肥：中国科学技术大学出版社，2021. 10.

［29］刘旭. 高校教师教育教学技能 ［M］. 长沙：湖南师范大学出版社，2021. 08.

［30］张奎明. 高校优秀教师教学能力发展研究 ［M］. 济南：山东大学出版社，2021. 08.